HEYNE

Die Autorin

Aufgewachsen in einer ländlichen Gegend, inmitten einer reichen Fülle von alten, geheimnisvollen Bräuchen, interessierte sich Claire schon früh für die spirituelle Kraft der Weißen Magie. Heute ist die Lebensberaterin und praktizierende Hexe eine der erfolgreichsten Autorinnen zum Thema Magie. Zahlreiche TV-Auftritte machten sie über die Grenzen Deutschlands hinaus bekannt. Claire lebt in Leipzig.

www.hexe-claire.de

CLAIRE

KERZEN MAGIE

Lichtvolle Rituale
für jeden Lebensbereich

WILHELM HEYNE VERLAG
MÜNCHEN

Das vorliegende Buch ist sorgfältig erarbeitet worden.
Dennoch erfolgen alle Angaben ohne Gewähr.
Weder Autor noch Verlag können für eventuelle Nachteile oder Schäden, die aus den im Buch gemachten praktischen Hinweisen resultieren, eine Haftung übernehmen.

MIX
Papier aus verantwortungsvollen Quellen
FSC® C014496

Penguin Random House Verlagsgruppe FSC® N001967

4. Auflage
Aktualisierte und erweiterte Taschenbuchausgabe 09/2011

Die Originalausgabe erschien unter dem Titel *Kerzenmagie*
im Verlag Ubooks, www.ubooks.de
Printed in Germany
Umschlaggestaltung: Guter Punkt, München,
unter Verwendung einer Abbildung von © sharegraphic.com
Herstellung: Helga Schörnig
Satz: Leingärtner, Nabburg
Druck und Bindung: GGP Media GmbH, Pößneck
ISBN 978-3-453-70171-7

www.heyne.de

Inhaltsverzeichnis

Vorwort

Fast genau sieben magische Jahre, nachdem ich begann, an der ersten Fassung von »Kerzenmagie« zu schreiben, entstand diese erweiterte und überarbeitete Version des Buches. Es war mir eine große Freude es zu überarbeiten, denn die Zwischenzeit ist nicht untätig verstrichen, ich habe neues Wissen sammeln und vor allem Kontakte zu Praktizierenden knüpfen können, die sich besonders in den Erweiterungen zu den (afro-)amerikanisch geprägten Bereichen der Kerzenmagie niedergeschlagen haben.

Auch in der überarbeiteten Ausgabe ist es mein Ziel, die eigene Kreativität meiner Leser anzuregen. Dieses Buch ist nicht dogmatisch zu sehen. Es bietet einen Einstieg in die Thematik und soll über die verschiedenen Möglichkeiten der Kerzenmagie informieren. Darüber hinaus möchte ich die persönliche magische Kreativität meiner Leser fördern.

Nichts finde ich bedenklicher als starre magische Formen, teure, fertige Mixturen, die als allein selig machend angepriesen werden oder Wahrsagehotlines, die den Leuten das Geld aus der Tasche ziehen!

Glauben Sie mir, selbst als magischer Laie können Sie mehr erreichen, als dubiose Angebote es Ihnen versprechen. Wobei ich nichts gegen den ehrlichen Beruf der Hexe sagen möchte. Auch ich berate und unterstütze Klienten. Nicht jeder von uns hat die Zeit oder das Interesse, sich selbst mit der Magie auseinanderzusetzen.

Da Sie gerade dieses Buch in Händen halten, gehe ich jedoch davon aus, dass Sie genau das vorhaben, und so möchte ich Sie nochmals bitten, auf Ihren eigenen Bauch zu hören, auf die persönlichen magischen Fähigkeiten, die in jedem von uns schlummern, zu vertrauen und mit der Zeit Ihren eigenen Weg zu finden.

Ihre Claire

Kerzen als Transportmittel für Wünsche

Bevor wir zur konkreten Kerzenmagie kommen, lohnt es, ein paar grundsätzliche Worte zu diesem Thema zu verlieren. Oft benutzen wir Kerzen, um eine schöne Stimmung zu erzeugen, aber wir zünden sie auch für jemanden in Not oder als Zeichen unserer Anteilnahme an. Für das Gedenken der Toten sind sie in unserem Kulturkreis nicht wegzudenken. Es gibt auch kaum einen Geburtstag ohne Kerzen und eine abendliche Gartenparty ist ohne sie nur halb so schön. Für viele liegt die Magie, die man mit Kerzen betreiben kann, noch etwas im Verborgenen. Sie ist jedoch durch alle Kulturen hinweg bekannt. In manchen Gegenden, zum Beispiel dort, wo die Traditionen des Voodoo beheimatet sind, trifft man oft anstelle von Kerzen auf Öllampen, was vor allem mit dem heißen Klima zu tun hat. Aber der Zweck bleibt derselbe. Kerzen lassen sich gut für magische Zwecke benutzen, da sie leicht durch verschiedene Zutaten mit einem Wunsch in Verbindung zu bringen sind. Sie sind nicht teuer und sehr vielseitig. Man kann für jeden magischen Zweck mit einer Kerze etwas erreichen.

Die Wirkung kann man sich dabei folgendermaßen vorstellen: Wenn eine Kerze abbrennt, die mit einem Wunsch versehen wurde, so geht der Wunsch dadurch in die immaterielle Welt ein. Und zwar in dem Maße, wie die Kerze kleiner wird. Die Kerze ist also die physisch greifbare Repräsentation des Wunsches, der während des Verbrennens in die geistige Welt hinüberwandert. Befindet sich der Wunsch dann in diesen Sphären, wirkt er von dort aus auf den Zaubernden zurück. Es ist dasselbe Wirkprinzip wie in der Physik mit der Aktion, die zwangsläufig eine Re-Aktion hervorruft, nur feinstofflicher.

Kerzen haben viele Vorteile im magischen Gebrauch. Zuerst einmal sind sie feste, gespeicherte Energie, die freigesetzt wird. Das mag sich etwas nüchtern anhören, aber Kerzen bestehen aus Wachsen und Fetten, und wie jeder weiß, enthalten Fette ausgesprochen viel Energie, welche dann beim Verbrennen freigesetzt wird. Kerzen lassen sich vielseitig einsetzen und sehr leicht zweckgemäß gestalten. Wer schon einmal versucht hat, ein halbwegs hübsches magisches Püppchen zu nähen, gibt mir da sicher recht. Kerzen inspirieren uns aber auch in großem Maße dazu, unsere eigene magische Kreativität zu nutzen und zu erproben. Wenn Sie schon etwas von mir gelesen haben, wissen Sie sicher, dass ich eine große Verfechterin der freien Magie bin. Für Anfänger sind feste Rituale sicherlich ein guter Start, um erste Erfahrungen zu sammeln. Aber mit der Zeit sollte man flügge werden und selbst experimentieren. Dabei kann man natürlich auch mal auf die Nase fallen, aber es sind schließlich die Fehler, aus denen wir am meisten lernen! Und da wir uns hier auf dem Gebiet der weißen Magie befinden, dürfte es nicht allzu schlimm werden, wenn mal was danebengeht. Vorsicht ist hier natürlich trotzdem geboten. Ein Beispiel: Diese(r) neue Nachbar(in) geht Ihnen nicht mehr aus dem Kopf. So was von süß! Da muss sich magisch doch etwas machen lassen? Ihr Zauber verläuft äußerst erfolgreich, doch, oh Graus, er beziehungsweise sie entpuppt sich als Nervensäge vom Dienst. Und er/sie wohnt nur eine Etage unter Ihnen, stets bereit, Ihnen wieder auf die Nerven zu fallen. Damit Sie nie in die Verlegenheit kommen, sich nur noch schleichend durchs Treppenhaus zu bewegen und leicht paranoid für absolute Stille in Ihrer Wohnung sorgen, damit Sie nicht (durch verräterische Geräusche angelockt) wieder von ihm/ihr heimsucht werden, folgender Tipp: Wenn es schon eine ganz bestimmte Person sein soll, fügen Sie immer einen Nebensatz wie ›... wenn wir gut harmonieren‹ oder etwas Ähnliches ein. Das ist ein absolutes Muss und lässt sich auch auf andere Bereiche, wie einen Jobzauber oder in der Schutzmagie anwenden. Um den Überblick zu wahren, kann ich nur empfehlen, sich ein ›Buch der Schatten‹ zuzulegen. Das hört sich mysteriöser an, als es ist. Hier geht es schlicht um eine Art Magie-Tagebuch, in das Sie Ihre Zauber, eigene Rezepturen und Ihre Gefühle und Gedanken in Sachen Magie notieren. Sie können auch ein Buch als Tagebuch für

Ihre magischen Aktivitäten nutzen und ein zweites, um darin magische Rezepturen, Rituale und Sonstiges zu notieren. Das kann ein ganz einfacher Hefter oder ein Ordner sein, den Sie sich ein bisschen ausgestalten, je nach Geschmack! Viele Hexen benutzen Ordner, weil man sein gesammeltes Material so immer wieder neu anordnen, aber auch problemlos vergrößern oder verkleinern kann. Es gibt auch wunderschön gestaltete Bücher der Schatten aus Naturmaterialien im Handel, wenn Sie es aufwendiger mögen. Das ist wirklich ganz Ihren persönlichen Vorlieben überlassen. Aber bitte: Es ist top secret! Ein Buch der Schatten ist nichts, in das irgendwer anderes seine Nase stecken sollte. Es ist einzig für Sie allein geschrieben, damit Sie Ihre Entwicklung mitverfolgen können. Doch zurück zu den Kerzen. In vielen magischen Traditionen wird die Kerze als Verbindung der vier Elemente (siehe Anhang) in einem angesehen: die Luft befindet sich um die Kerze herum und nährt ihre Flamme. Genau genommen verbrennt die Kerzenflamme ja das verdampfende Wachs der Kerze, nicht das harte Wachs an sich. Die Flamme steht für das Element Feuer. Das geschmolzene Wachs symbolisiert das Wasserelement, und der feste Wachsteil der Kerze steht für das Element Erde. Wahrscheinlich ist diese Kombination der vier Elemente auf so kleinem Raum (in so geballter Form) auch ein Grund für die ausgezeichneten Wirkungen von Kerzenzaubern.

Kerzen damals und heute

Das Element Feuer hat unsere Vorfahren seit Menschengedenken fasziniert, und Kerzenmagie ist letzten Endes eine Spielart der Magie des Feuers. In alten Sagen und Märchen hört man allerdings weit weniger von magischen Kerzen, als von der magischen Bedeutung des Herdes, der in vielen Kulturen der Sitz eines segenspendenden Feuergeistes im Haushalt ist, der regelmäßig gefüttert wird, um das Glück im Haus zu halten.

In manchen Kulturen ging die Kerzenmagie auch völlig andere Wege, gerade in Gegenden, in denen wegen des heißen Klimas vor allem Öllampen verbreitet sind. In einigen afrikanischen und karibischen Gebieten sind bis heute magische Öllampen zu den verschiedensten Zwecken gebräuchlich, die der Kerzenmagie von der Grundidee her sehr ähnlich sind. In diesem Fall gibt man die gewählten Zauberzutaten in ein flüssiges Fett oder Wachs, das sich in einer Schale befindet. Dann kommt ein Docht aus Baumwolle dazu, und die magische Lampe kann genau wie eine magische Kerze benutzt werden.

Kerzen, so wie wir sie kennen, in all den verschiedenen Formen, Farben und sogar Duftrichtungen, sind eine Erfindung neueren Datums. In früheren Zeiten kannte man auch bei uns vor allem Öllampen, Kienspäne und einfache Vorstufen unserer heutigen Kerzen aus Wachsen und Fetten mit einem brennbaren Material als Docht in der Mitte. Ab dem Mittelalter setzten sich Kerzen durch, die unseren heutigen Kerzen zumindest äußerlich ähnlich waren. Die waren allerdings eine noch stark rußende Angelegenheit, und die Dochte mussten während des Abbrennens der Kerzen regelmäßig gekürzt werden. Die feinen, duftenden Bienenwachskerzen waren aufgrund der Kostbarkeit und relativen Begrenztheit dieses Rohstoffs lange Zeit nur der Kirche und dem Adel vorbehalten. Das einfache Volk benutzte Kerzen aus Talg, also Tierfett. Diese Kerzen verbrannten nicht nur mit strengem Geruch, sondern auch noch recht qualmend. Es ist kein Wunder, dass man aus dieser Zeit zwar viele Überlieferungen über magische Riten mit offenen Feuern kennt (wie zum Beispiel Reinigungsrituale, bei denen das Vieh zwischen zwei Feuern hindurchgetrieben wurde oder bei denen man über das Feuer sprang, um sich von allem Übel zu befreien), aber keine Kerzenzauber, wobei besondere Kerzenformen, wie Wachsstöcke oder Taufkerzen schon damals eine wichtige Rolle gespielt haben. Dem alten Goethe wird der Ausspruch zugeschrieben, er wüsste nicht, was eine bessere Erfindung sein könnte, als wenn Kerzen ohne das lästige »Putzen« abbrennen würden, womit gemeint war, dass man den Docht ständig kürzen muss.

Erst im 19. Jahrhundert kamen Kerzen auf, die unseren heutigen Kerzen schon recht nahekamen und, mit dem Fortschreiten der Technik gesellten sich dann all die Farben und Formen dazu, die wir heute kennen.

Tatsächlich kann man die Entstehungszeit von überlieferten Ritualen und Zaubertechniken gut daran festmachen, ob dafür Kerzen benötigt werden oder ob sie ohne Kerzen arbeiten. Kommen in einem Zauber keine Kerzen vor, dafür aber ländliche, natürliche Zutaten, handelt es sich mit großer Wahrscheinlichkeit um eine Überlieferung, die vor dem 19. Jahrhundert entstanden ist. Die Kerzenmagie ist also einerseits eine relativ junge Form der Magie, doch als Unterform der Magie des Feuers gehört sie zu den alten, magischen Techniken, wenn auch in einem neuen Gewand.

Farben und Formen der Kerzen

Farben und Formen der Kerzen sind ein wirklich weites Feld, und so erhebt dieses Kapitel auch lediglich den Anspruch, eine Einführung in das Thema zu sein. Die Literatur dazu ist vielfältig und teilweise auch widersprüchlich. Paradebeispiel sind hier wohl die schwarzen Kerzen, die teilweise als schwarzmagisch verteufelt, anderweitig zum Bannen negativer Einflüsse empfohlen werden. Ich werde oft gefragt, ob dieses oder jenes mit den Grundgedanken der Weißen Magie zu vereinbaren sei. Meine Antwort lautet zumeist: Der Zweck macht das Mittel zu dem, was es bewirkt! Wenn Sie z. B. Ihre Küchenmesser anschauen, könnte man nicht nur einen Menschen damit ins Jenseits befördern. Und dennoch werfen Sie sie nicht weg, sondern nutzen sie vielmehr für etwas Positives, nämlich um damit zu kochen. Verstehen Sie, was ich meine?

Für die Kerzenmagie mit ganz normalen (Stab-) Kerzen, deren Farben ich im Folgenden vorstellen werde, ist es eine gute Idee, durchgefärbte Kerzen zu benutzen. Das verstärkt die magische Kraft um einiges! Denken wir noch einmal an den Wachsdampf, der das eigentliche Brennelement einer Kerze ist. Bei einer Kerze, die nicht durchgefärbt ist, enthält er natürlich viel weniger der als Unterstützung gewählten farblichen Schwingung. Das ist in Notfällen natürlich völlig in Ordnung, für geplante Kerzenzauber würde ich aber durchgefärbte Kerzen empfehlen. Wie jeder Praktiker aus eigener Erfahrung weiß, sind durchgefärbte Kerzen nicht immer leicht zu bekommen, oder man darf einen saftigen Esoterik-Aufschlag für sie in den entsprechenden Geschäften bezahlen. Es ist also eine gute Idee, wenn man Kerzen in Farben, die man öfter benötigt, gleich auf Vorrat kauft, wenn man sie in einem Laden zu einem fairen Preis entdeckt. Ich werde oft gefragt, wie ich dieses Problem löse, und meine Antwort lautet: Ich hamstere alles, was ich wegtragen kann, wenn ich irgendwo genau die richtigen Kerzen sehe. Manchmal hat man auch das Glück, dass seltenere Farben wie Violett oder Schwarz gerade von Wohnzeitschriften in Mode gebracht werden. Wenn man solche Trends mitnimmt und sich Vorräte zulegt, kann man davon lange zehren, während kurz darauf vielleicht schon wieder Apfelgrün der neueste Schrei ist. Natürlich ist es ganz normal, dass durchgefärbte Kerzen etwas teurer sind als getauchte Kerzen, bei denen nur die äußere Hülle eingefärbt ist. Aber das rechtfertigt noch lange keine Fantasiepreise. Ich denke, dass niemand gerne um jeden Preis billige Magie machen möchte, Qualität hat ihren Preis, und den zahlt man gerne. Geschäftemacherei mit magischen Kerzen muss man aber nicht unterstützen, vergleichen lohnt sich durchaus, und eine

Kerze aus einem Einrichtungsladen oder aus der Drogerie ist nicht weniger wirkungsvoll als dasselbe Exemplar aus einem Esoterikshop.

Außerdem können Sie versuchen, Kerzen aus natürlichem Stearin (= Kokosfett) zu bekommen und nicht aus Erdöl, sprich Paraffin. Viele Kerzen am Markt sind mittlerweile auch Gemische aus diesen Wachsen. Das Wichtigste ist jedoch eine gute Qualität. Einige Kerzen tragen das RAL-Gütezeichen, das Ihnen garantiert, dass keine gesundheits- oder umweltschädlichen Stoffe in den Kerzen enthalten sind und die Kerzen qualitativ hochwertig verarbeitet wurden, sodass sie kaum rußen.

Bedeutungen der Kerzenfarben in der Magie

Bevor ich näher auf die Symbolik der Kerzenfarben eingehe, möchte ich einen wichtigen Punkt nicht unerwähnt lassen, und das sind die beiden Farbsysteme, die sich mittlerweile in der Magie herausgebildet haben. Das ältere System folgt den traditionellen Zuordnungen der klassischen, europäischen Magie, während die neueren Zuordnungen ihren Ursprung vor allem in den USA haben und durch dortige Autoren und Praktiker weltweite Verbreitung fanden. Während die klassische Magie mit ihren Farbbedeutungen eher große Lebensthemen in Übereinstimmung mit den Eigenschaften der korrespondierenden Planeten abdeckt, haben sich in der jüngeren Magie oft praktische Bedeutungen, die ganz bestimmten magischen Zielen zugeordnet sind, herauskristallisiert.

Das kann man gut am Beispiel der richtigen Farbe für einen Liebeszauber veranschaulichen. Ein klassischer Magier würde dafür ein frisches, helles Grün verwenden, weil dies die traditionelle Farbe des Planeten Venus ist. Die modernen Strömungen der Magie verwenden vor allem Pink und Rosa für Liebeszauber. Und in der Volksmagie würde man selbstverständlich keine andere Farbe als Rot benutzen, weil Rot die Farbe des Lebens ist und damit auch den Bereich der Liebe umfasst. Rot würde in diesem Fall aber auch für Geldmagie, Fruchtbarkeit oder um eine neue Arbeitsstelle zu finden verwendet werden.

In der Volksmagie war die Palette der verwendeten Farben meist nicht so umfangreich, die zentralen Farben waren vor allem Weiß, Rot und Schwarz, wobei Weiß alle spirituellen Fragen abdeckt, Rot als Farbe des Lebens für alle Bereiche, in denen etwas Gutes zunehmen sollte, verwendet wird und Schwarz die Farbe der Bannung ist. Dieses einfache System aus drei Farben kann natürlich auch heute noch erfolgreich angewendet werden.

An diesem Beispiel kann man bereits gut sehen, dass auch die Farbbedeutungen in der Magie den Moden und Veränderungen der Zeit unterworfen sind. Für einen umfassenden Einblick in diese Materie habe ich in die folgenden Beschreibungen der Farben die Unterschiede und Gemeinsamkeiten der beiden Systeme einfließen lassen, wo sie vorhanden sind. Zu jeder Farbe finden Sie zudem die Planetenkorrespondenzen vermerkt. Die Entscheidung, ob man mit dem alten oder dem neueren System bei einem bestimmten Thema arbeiten möchte, sollte übrigens nicht mit dem Kopf, sondern vom Gefühl her getroffen werden. Farben sind sinnliche Wahrnehmungen, und man wird in seiner Zauberarbeit am besten vorankommen, wenn man die Farbe auswählt, die einem vom Gefühl her am besten zusagt. Man sollte sich das nicht zu kompliziert machen oder lange grübeln, denn alle Systeme sind grundsätzlich wirkungsvoll. Im Zweifelsfall ist der erste Gedanke der beste Ratgeber.

Weiß/Silber – Mond

Weiß enthält alle Spektralfarben und ist deshalb ein guter Ersatz, wenn einem eine Kerzenfarbe fehlt. In eigener Regie wird es für Zauber, die mit Reinheit, Liebe und Lichtheilung zu tun haben, eingesetzt. Wer mit Engels- oder Elfenenergien arbeiten möchte, wählt ebenfalls gerne Weiß. Bei dieser Farbe sind sich das alte und das neue Farbsystem einig und erlauben identische Verwendungsmöglichkeiten.

Rosa/Pink – Venus (früher: kleiner Mars)

Rosa steht für Romantik, zarte Liebe und edle Gefühle. Es ist die Liebeszauberfarbe Nr. 1, verbindet die Herzen und sorgt für Harmonie. Außerdem wird es auch gerne für Freundschaftsmagie verwendet und um einen grauen Alltag wieder zu beleben. Mit Rosa sind alle Farben von einem zarten Altrosé, über Pink bis hin zu leicht violettstichigen Beerentönen gemeint. Je heller die Farbe, desto zarter und harmonisierender die Wirkung. Je kräftiger und dunkler der Farbton ausfällt, desto mehr Power kommt in die Sache hinein.

Bei Rosa sieht man übrigens gut, wie grundlegend sich die Bedeutungen von Farben wandeln können. Noch vor etwa hundert Jahren galt Rosa als ein verdünntes Rot und damit als aktiv-männliche Farbe, passend zum Planeten Mars, sodass Jungs nicht in hellblau (Blau war als klassische Marienfarbe den Mädchen vorbehalten), sondern in rosa angezogen wurden.

Rot – Mars

Rot ist die Farbe der Leidenschaft. Hier geht es um Sexualität, Selbstbehauptung und Durchsetzungskraft. Man kann es auch für magische Angriffe gegen jemanden nutzen (Ob Sie so etwas für klug halten, überlasse ich Ihnen).

Bei Rot sind sich das alte und das neue Farbsystem einig und empfehlen es auch für den aktiven Schutz. Während Schwarz eine eher ruhige, bannende Farbe ist, ist Rot die energische Bannung und unterstützt, wenn man jemanden deutlich in die Schranken verweisen muss. Das sollte aber sehr bewusst und gut dosiert erfolgen, damit man dadurch nicht noch zusätzlich Öl ins Feuer gießt. Wer sich nicht ganz sicher ist, sollte auf andere Farbtöne, wie weiß oder schwarz, die ihrer Natur nach kühler sind, zur Bannung zurückgreifen.

Orange – Sonne und Merkur

Die Zuordnung zu diesen beiden unterschiedlichen Planeten beruht auf zwei einfachen Konzepten. Als lichtvolle Farbe mit einem starken Gelbanteil gehört Orange natürlich zum Prinzip der Sonne. Doch bei einer leuchtenden Mischfarbe hat der Merkur ebenfalls seine Finger mit im Spiel. Somit sind beide Kräfte mit dieser Farbe verbunden.

Orange wird für Harmonie und positive Power genutzt. Damit ist es für Liebes-, Gesundheits- und Erfolgszauber genauso geeignet, wie für Zauber, die uns wieder mehr Sonnenschein ins Leben holen sollen. Orange hat eine stark anziehende Wirkung auf alles Gute, das man in sein Leben locken möchte.

Das alte europäische Farbsystem betont vor allem den Merkureinfluss und rechnet dem Orange vor allem die Themen Kommunikation und die Beschleunigung von Angelegenheiten zu. Im neueren, amerikanisch beeinflussten System spielt die Kraft der Sonne die Hauptrolle. Orange wird in diesem System oft benutzt, um Türen im Leben zu öffnen, neue Wege zu ebnen und einen positiven Wandel einzuleiten.

Gelb/Gold/Dotterfarben – Sonne, Zitrusgelb – Merkur

Gelb ist die klassische Sonnenfarbe. Bei dieser Farbe steht jedoch der Heilungsaspekt im Vordergrund, es fördert alles, was durch ein bisschen mehr ›Sonne‹ leichter gehen würde. Da manche es auch als leicht merkurische Farbe ansehen, kann man es auch für die Verbesserung der Kommunikation nutzen, besonders die kühlen Töne dieser Farbe. Zur einfachen Unterscheidung: das Gelb der Sonne erinnert an ein Eidotter, während das Gelb des Merkur in die Zitronenrichtung geht (zu den Planeten im Anhang mehr). Traditionell wird diese Farbe auch für die Weissagung, zum leichteren Lernen und vor Prüfungen benutzt, was eindeutig dem Merkuraspekt entspricht.

Im neueren Magiestil werden Gelb und Goldtöne neben dem Bezug zur lichtvollen Sonnenenergie auch als Symbol für Gold und damit für Geld benutzt. Sie spielen damit auch eine Rolle im Bereich der Erfolgsmagie, beim Geldzauber und in Ritualen, die das Ziel verfolgen, sich andere Menschen gewogen zu machen, die Einfluss auf das persönliche, finanzielle Weiterkommen haben. Es muss also nicht immer das klassische Grün sein für einen Geldzauber, da hat man durchaus Auswahl!

Kerzen aus Bienenwachs

… können zu ganz verschiedenen Zwecken eingesetzt werden. Bienenwachskerzen gelten traditionell als den Göttinnen geweiht. Sie sind somit wunderbar für positive Magie aller Art zu verwenden. Leider sind sie nicht gerade billig, den Aufwand aber mehr als wert!

Bienenwachs verfügt mit seiner gelben Sonnenfarbe und seiner engen Verbindung zum süßen Honig über eine ausgesprochen positive Ausstrahlung und kann generell in allen Bereichen des Lebens verwendet werden, die dringend mal wieder versüßt werden sollten.

Violett – Jupiter und Saturn

Die helleren Violettöne sind als purpurfarbene Farbtöne dem königlichen Planeten Jupiter zugeordnet, dem auch alle spirituellen Themen unterstehen. Dunkles Violett gehört zum Saturn, der ebenfalls eine starke, spirituelle Kraft aufweist, allerdings weniger in einem praktischen und mehr im bewahrenden Sinne. Er ist der Planet der Weisheit, aber auch der Prüfungen, um selbige zu erlangen beziehungsweise zu bestehen.

Violett ist in der klassischen Magie also – es ist nicht schwer zu erraten – die Farbe der Spiritualität. Es bietet sich für Meditationen, Zauber zur magischen Weiterentwicklung und Ähnliches an. Man kann auch eine violette Kerze als Zusatz zu einem anderen Zauber mit abbrennen lassen, damit dieser leichter den Weg in die spirituellen Sphären findet.

Die modernen Magieströmungen sehen im Violett ebenfalls eine spirituelle Farbe, vor allem was die Unterstützung der Feinwahrnehmung betrifft, also zum Wahrsagen, für die Traumarbeit und schamanische Übungen. Aufgrund seiner starken Kraft wird es aber auch benutzt, um andere nach seinen Wünschen handeln zu lassen und sie dazu zu bewegen, einem entgegenzukommen. Inwieweit man das direkt auf Personen zielend anwenden möchte, bleibt dem Gewissen eines jeden überlassen. Man kann Violett in diesem Sinne nämlich auch positiv und völlig nebenwirkungsfrei benutzen, indem man nicht auf eine Person, sondern auf eine Situation oder einen Umstand damit zielt, den man dringend verändern möchte.

Hellgrün – Venus

Die Farbe zarter Pflänzchen steht für Neuanfänge, ganz besonders in der Liebe, wenn sie wieder oder überhaupt erst einmal aufblühen soll. Auch geschäftlich ist sie bei Neuanfängen zu empfehlen.

Eine Anmerkung noch dazu: Bei den Farben Blau und Grün wird man in magischen Überlieferungen immer wieder auf unterschiedliche Zuordnungen stoßen, sie werden abwechselnd Jupiter oder der Venus zugeschrieben. Das hat seine Ursprünge in den verschiedenen spirituellen Schulen, die sie unterschiedlich einordnen. Grün wird als Farbe des Wachstums sowohl der Venus (weibliche, nährende Kraft, die alles gedeihen lässt), als auch dem Jupiter (Kraft der Expansion und des Wachstums) zugeordnet. Blau ist eine königliche Farbe und gehört damit nach einigen Auffassungen zum Jupiter. Andere sehen darin die Marienfarbe, die auf den Sternenmantel der Mutter Gottes anspielt, aber auch die Farbe einiger antiker Göttinnen – man denke nur an den legendären, leuchtend blauen Lapislazulischmuck der Göttin Innana.

Für welche Variante man sich entscheidet, liegt ganz im persönlichen Empfinden und kann auch je nach magischem Ziel neu bewertet werden. Mit beiden Varianten lassen sich sehr gute Ergebnisse erzielen.

Dunkelgrün – Jupiter und Saturn

Dunkles Grün gehört seiner Natur nach nicht zur Venus, für diesen fröhlichen und verspielten Planeten ist das eine zu strenge Farbe. In seinen mittleren Tönen gehört es zum Jupiter, die richtig dunklen Grüntöne zählen aber bereits zu Saturn, dem alle dunklen, matschigen und getrübten Farbtöne zuzuordnen sind. Das lässt sich ganz einfach herausfinden: leuchtet eine Farbe (auch dunklere Farben können leuchtend sein), dann gehört sie nicht zum Saturn. Ist die Farbe jedoch trüb, dann gehört sie zu ihm. Man könnte Saturn also mit einem Augenzwinkern als Herrn der Tarnfarben bezeichnen.

Dunkelgrün und alle satten, vollen Varianten dieser Farbe sind eine Wachstumsfarbe, aber hier geht es mehr um das handfeste finanzielle Wachstum, sprich: Geldmagie. Dunkelgrün wird auch für Naturrituale verwendet, um sich mit den Energien der Umgebung zu verbünden. Durch seine enge Verbindung zum Jupiterprinzip ist das Thema also: Erweiterung, Vermehrung, Wachstum.

Die Unterscheidung ist relativ einfach: ein dunkles, aber klares Tannengrün gehört zum Beispiel zum Jupiter. Ist das Grün jedoch sehr dunkel (also eher ein Schwarz- oder Grauton mit grünen Anteilen) oder ein trüber Farbton (wie zum Beispiel Oliv), rechnet man es dem Saturn zu. Dann wirkt es begrenzend und kann benutzt werden, um Dinge zu verlangsamen oder ihnen Einhalt zu gebieten. Dabei bleibt die Grundbedeutung der Naturfarbe Grün erhalten, das heißt, es wirkt auf eine sanfte, natürliche Weise und nicht durch plötzliche Umbrüche (wie es bei Rot der Fall ist, wenn man es bannend benutzt) oder Ähnliches.

Hellblau – Merkur (früher: kleine Venus)

Hellblau ist ideal für alles, was mit dem Geist und den Gedanken zu tun hat: Lernen, Prüfungen etc. Hellblau weckt den Esprit in uns und ist daher auch eine gute Wahl für Menschen, die sich mit ihren rednerischen Fähigkeiten unsicher fühlen und/oder sich besser ausdrücken können möchten.

Wie bereits beim Rosa erwähnt, galt Hellblau lange Zeit als weibliche Farbe und hat damit auch eine Verbindung zum Planeten Venus. Diese Verbindung kommt vor allem zum Tragen, wenn es um Harmonie, Heilung und das Erzeugen von friedlichen Stimmungen geht, wofür man diese Farbe ebenfalls gut verwenden kann. Sie haben es erraten: manchmal kann eine hellblaue Kerze die bessere Wahl sein, wenn man für die Liebe arbeiten möchte. Gerade nach einem Streit oder wenn die Kommunikation angekurbelt werden soll, ist Hellblau eine gute Wahl.

Das hängt natürlich auch davon ab, in welcher Beziehung Sie zueinanderstehen. Gibt es bereits eine gemeinsame Grundlage, dann kann man Hellblau bedenkenlos verwenden. Ist diese nicht gegeben (man kennt sich zum Beispiel noch gar nicht näher), dann ist Hellblau allein zu wenig beziehungsweise zu sanft in der Wirkung und sollte mit roten Tönen kombiniert werden. Sie bringen die nötige Energie mit, damit das Hellblau auch durchkommt. Das Rot oder Rosa spielt dann sozusagen den Herald für das zarte Blau, das die eigentliche Botschaft überbringt.

Dunkelblau – Jupiter und Saturn

Da dunkle Blautöne nicht zur zarten Venus passen, gehören sie zum königlichen Planeten Jupiter, was sich wieder leicht merken lässt: alle Farben ab Königsblau sind für die Venus zu dunkel.

Beim dunkleren beziehungsweise vollen Blau geht es um Kommunikation. Egal ob als Brief, Telefonat, Gespräch, Email oder was auch immer, egal ob zwischenmenschlich, zwischen Firmen oder mit einem Vorgesetzten, für all diese Dinge ist Dunkelblau die erste Wahl. Diese Farbe lässt sich auch für machtvolle Magie in anderen Bereichen verwenden, sie ist ernst und daher für ernste Themen im Leben geeignet.

Weinrot/Bordeaux – Jupiter und Saturn

Genau wie beim Violett kommt es auch hier wieder auf die Leuchtkraft und die Reinheit der Farbe an, ob sie zum Jupiter oder Saturn gehört.

Weinrot empfindet man automatisch als eine tiefe, leidenschaftliche Farbe, die auch in der Magie benutzt wird, um jemanden zu verführen oder allgemein die eigenen verführerischen Kräfte zu wecken. Weinrot kann auch benutzt werden, um in Beziehungen ein festgefahrenes Kräfteverhältnis zu verändern. Es steht für machtvolle weibliche Magie im Allgemeinen.

In der klassischen Magie wird Weinrot ähnlich

wie die Farbe Violett bewertet, es hat durch den stärkeren Rotanteil aber eine deutlich größere Portion Sinnlichkeit, als das eher blaustichige Violett. Man kann Weinrot und Violett daher als die sinnliche und die himmlische Variante derselben Farbe bezeichnen.

Schwarz – Saturn

Wie schon gesagt, scheiden sich an dieser Farbe die Geister. Ich empfehle es zum Bannen von negativen Dingen. Wir alle haben im Physikunterricht gelernt, dass Schwarz das Licht absorbiert, und genauso saugt es auf magischer Ebene Einflüsse aller Art in sich auf und macht sie unschädlich. Das gilt demzufolge auch für positive Einflüsse. Man muss hier also gut abwägen, ob mit einem Schutzwall nicht auch hilfreiche Kräfte ferngehalten werden könnten. Es kommt immer darauf an, wie das jeweilige Problem gelagert ist. Jedoch gibt es auch Ausnahmen, bei denen man mit schwarzen Kerzen zum Angriff übergehen darf. Hierzu zählen zum Beispiel Themen wie Gerechtigkeit bei Mord, Vergewaltigung oder Tierquälerei. Auch wenn es für viele zuerst ungewöhnlich erscheint: Um die Heilung schwerer Krankheiten magisch zu unterstützen, nimmt man Schwarz ebenfalls. In diesem Fall nutzt man die Symbolik der Farbe, um die negative Kraft des Leidens mit der Kerze aufzusaugen und durch die reinigende Flamme der Kerze verzehren zu lassen. Anschließend sollte man die dadurch entstandene Leere (das Minus ist weg, aber es ist noch kein Plus aufgebaut) am besten mit positiven Kerzen in Rot, Gelb oder Grün füllen, damit sie sich nicht unkontrolliert von selbst mit irgendetwas anreichert, das gerade zufällig in der Luft lag.

Bunt – Merkur

Bunt gefärbte Kerzen, wie zum Beispiel Tropfkerzen, eignen sich wunderbar, um das ganze Leben umzukrempeln und anregender zu machen. Sie wirken sich dann auf mehrere Lebensbereiche gleichzeitig aus und sind somit auch ideal, wenn man nach ruhigeren Zeiten wieder in Schwung kommen möchte.

Braun – Saturn

Braun ist die Materialisierungsfarbe. Wie der braune Mutterboden soll diese Farbe im übertragenen Sinne Dingen auf die Welt verhelfen, also Ideen und Gedanken aus ihrem nicht greifbaren Bereich in die Realität herüberholen.

In der modernen Magie hat es sich zudem einen Namen als Unterstützung bei rechtlichen Angelegenheiten gemacht und als Farbe des ruhigen Elements Erde wird es auch benutzt, um Dinge zu beruhigen, in dem Sinne, dass man sie verlangsamt, um Zeit zu gewinnen.

Türkis – Venus und Merkur

Bei einer leuchtenden (also genau im Gegensatz zu den bereits besprochenen getrübten Farben des Saturn) Mischfarbe hat natürlich der Merkur seine Hände im Spiel. Durch die hellblaue, ins grünliche tendierende Farbe ist aber auch ein starker Venusaspekt vertreten. Türkis gehört seiner Natur nach sowohl zur Venus als auch zum Merkur und vereint ihre besten Eigenschaften in sich.

Beide zusammen sind ein Dream-Team gegen Traurigkeit, seelische Betrübtheit, Stagnation und Auf-der-Stelle-treten sowie gegen Liebeskummer. Türkis ist aber ebenso geeignet, um ein schlecht gehendes Geschäft zu beleben oder andere Bereiche wieder in Schwung zu bringen, die sich nicht so richtig entwickeln wollen. Venus liefert dazu Schönheit und Harmonie. Merkur sorgt dafür, dass die Kommunikation stimmt und sich die Lage deutlich belebt.

Grau – Mond und Saturn

Grau ist nicht das, was man eine schöne Kerzenfarbe nennen würde, aber es kann durchaus nützlich sein, wenn Sie mal abtauchen oder eine Sache im Verborgenen halten wollen. Nehmen Sie eine graue Kerze, und die betreffende Angelegenheit wird wie in einen Nebel getaucht. Falls Sie diesen nach einer gewissen Zeit wieder aufheben wollen, nehmen Sie je nach Angelegenheit dafür eine rote, gelbe, weiße oder hellgrüne Kerze.

Helle Grautöne gehören noch zum Mond, da sie mit seinem silbrigen Weiß verwandt sind. Dunklere Grautöne (wie Anthrazit) gehören zum Saturn, zu dessen Schwarz sie tendieren.

Beige/Pfirsich – Mond, Sonne, Venus und ein Hauch Merkur

Diese Kerzen verwendet man, wenn es um häusliche Harmonie und den Familienfrieden geht. Ganz besonders pfirsichfarbene Kerzen haben sich hier bewährt. Es ist also keine schlechte Idee, der lieben Schwiegermutter beim nächsten Besuch ein paar Schwimmkerzen in einer dieser Farben mitzubringen.

In beiden Farbtönen vereinen sich die Energien von Mond, Sonne und Venus, da sie eine leuchtende Mischung (Merkur) aus Weiß (Mond), Gelb (Sonne) und Rosa (Venus) sind. Genau diese Mischung verleiht diesen eher zurückhaltenden Farben ihre besondere Wirksamkeit, wenn es um einen harmonisierenden Effekt geht.

Gemischte Kerzen verwenden

Bei diesem Thema geht es um den Einsatz von mehreren verschiedenfarbigen Kerzen für ein bestimmtes Ziel. Die von mir vorgestellten Kombinationen sind natürlich nur als erste Inspiration gedacht. Sie können beliebig mit verschiedenen Ölen, Kräuterpudern, Glitter oder anderen Möglichkeiten, sie magisch zu bearbeiten, verstärkt werden. Wenn Sie ein Weilchen damit arbeiten, entwickeln Sie garantiert Ihre ganz eigenen Geheimrezepte, welche Zutaten zusammen wirkungsvoll eine bestimmte Sache voranbringen. Nur Mut! Eine ›echte‹ Hexe ist schließlich die, die sich traut, auf sich selbst zu hören und experimentell ihr eigenes Wissen zu entwickeln.

Romantik
eine rosa und zwei weiße Kerzen

Positive finanzielle Veränderungen
eine gelbe oder goldene und eine grüne Kerze

Harmonisch-leidenschaftliche Liebe
eine bordeauxrote und eine weiße Kerze

Das Sexleben ankurbeln
eine rosa und eine rote Kerze (eventuell noch eine blaue Kerze dazu, um die Kommunikation zum Thema zu verbessern)

Für Harmonie zu Hause
eine rosa, eine gelbe und eine blaue Kerze

Gute Kommunikation
eine weiße, eine blaue und eine gelbe Kerze

Für Gesundheit
drei gelbe oder goldene Kerzen

Jemanden entschlossen, aber friedlich loswerden
eine schwarze und eine blaue Kerze

Inspiration finden
eine weiße und eine rote Kerze

Nach einem Streit
eine rosa und eine gelbe Kerze

Vor einer Prüfung
eine blaue und eine weiße Kerze

Neue Power
zwei gelbe und eine rote Kerze

Kerzenformen

An dieser Stelle möchte ich die gebräuchlichsten Kerzenformen für magische Zwecke erwähnen, solche, die Sie in jeder Drogerie und solche, die Sie teilweise nur im esoterischen Fachhandel bekommen. In den letzten Jahren haben ganz bestimmte Figuren- und Glaskerzen eine immer breitere Interessentenschicht erobert – zu Recht! Natürlich werde ich sie Ihnen hier nicht vorenthalten. Diese Kerzen sind eine tolle Bereicherung, aber sie sind natürlich nicht verpflichtend, um wirkungsvolle Kerzenmagie zu betreiben. Sehen Sie sie einfach als ein Extra für besondere Zauber oder als eine Unterstützung, wenn Sie sich einem ganz speziellen Thema widmen wollen. Nicht alle, die Kerzenmagie betreiben, arbeiten mit Figurenkerzen. Einige schwören auf die guten, alten Stabkerzen, manche arbeiten ausschließlich mit Teelichten – und das sehr erfolgreich. Ich möchte diesen Punkt besonders für Anfänger/innen der Kerzenmagie betonen, weil im modernen Esoterikbusiness manchmal der Eindruck entsteht, man könnte »echte« Kerzenmagie nur mit Spezialkerzen betreiben.

Teelichte

Teelichte sind Minikerzen, die es in ganz verschiedenen Farb- und Duftvarianten gibt. Man könnte sie als nicht ganz gleichberechtigt ansehen, so klein wie sie sind, dabei wirken auch kleine Teelichte genau wie große Kerzen. Ich kenne mehrere Hexen, die ausschließlich mit Teelichten in ihren Zaubern arbeiten und darauf schwören. Manche Menschen stellen ihren magischen Kreis aus Teelichten. Falls Sie spontane Haustiere haben, ist das nicht zu empfehlen. Meine Katze ist so ein Beispiel, und etliche Hexen mit Katze werden mir beipflichten: Man kann mit diesen Tierchen im Nacken zu Hause einfach keinen vernünftigen magischen Kreis bilden. Steine werden weggekullert und Bänder zum Spielen benutzt. Ein Kreidekreis ist für den Teppich definitiv nicht geeignet. So übt man sich schnell in der Kunst, den Kreis durch Visualisieren herzustellen.

Teelichte werden von den meisten magisch aktiven Menschen vor allem für kleine Zauber benutzt, die ganz alltägliche Dinge zum Ziel haben. In Notfällen und wenn gerade nichts anderes verfügbar ist, kann man sie auch für wichtige Anliegen verwenden, als eine Art Erste Hilfe.

Duft- beziehungsweise Votivkerzen

Diese Kerzen mag ich sehr für Gebete oder wenn man für andere Menschen zaubert. Sie können, wie auch Teelichte, genauso wie große Kerzen eingeölt und beritzt werden. Aber sie müssen stets beaufsichtigt werden (wie alle Kerzen), da es nicht selten verkommt, dass ein Votivkerzengläschen springt. Wenn das passiert, ist es aber ein gutes Zeichen für den Zauber, den man damit ausgeführt hat: Er war sehr energiegeladen!

Votivkerzen eignen sich neben der Zauberarbeit auch ausgezeichnet für die spirituelle Arbeit als solche, zum Beispiel als kleine Opfergabe für eine Gottheit, mit der man arbeitet oder als Geschenk an die Spirits, wenn man ein wichtiges Ziel mit ihrer Hilfe erreicht hat. Daher stammt ursprünglich auch der Name dieser Kerzen: »votiv« leitet sich vom lateinischen »votum«, das Gelübde, ab. Diese Gelübde waren meist der Art, dass man in Not um Hilfe bat und dafür versprach, eine Kerze für den jeweiligen Heiligen, eine Gottheit oder einen sonstigen spirituellen Verbündeten zu entzünden, nachdem einem geholfen wurde.

Grablichte

Grablichte sind ebenfalls sehr nützlich. Und das nicht nur um den Kontakt zu unseren noch bekannten Vorfahren am Grab zu pflegen. Leider können meist nur Adlige ihren Stammbaum über größere Zeiträume zurückverfolgen. Doch wir sollten uns nicht daran stoßen, wenn wir die Familiengeschichte(n) nur bis zu den Urgroßeltern zurückverfolgen können. Unsere Vorfahren sind auch ohne dass wir ihre genauen Namen und Geschichten kennen, für uns da. Das ist jetzt kein esoterisches Gerede, sondern sehr real. Nur weil unsere Kultur die Ahnenverehrung vorwiegend auf Blumen am Grab beschränkt, müssen wir das ja nicht genauso handhaben. Ich kann Ihnen nur ans Herz legen, sich eine kleine ›Ahnenecke‹ einzurichten, denn Ihre Vorfahren sind ja nicht verschwunden, nur weil sie gestorben sind. Sie können ein kleines Deckchen auf eine Kommode legen, ein Grab- oder Votivlicht dazustellen, dazu Blumen, Familienstücke oder Fotos. Es sollte keineswegs trist und traurig sein. Sie können Muscheln, Edelsteine, Duftsteine oder kleine Räuchergefäße und Ähnliches dazustellen. Zünden Sie das Grablicht einmal am Tag an, und bitten Sie Ihre Ahnen um Segen, darum, dass sie ein Auge auf Ihr Leben werfen und schützend eingreifen, wenn das nötig sein sollte. Sie können natürlich auch um noch vieles andere bitten. Mit der Zeit werden Sie spüren, dass Sie mit Ihren Ahnen eine große Kraftquelle gefunden haben. Gerade in der heutigen, schnelllebigen Zeit ist es wichtig, seine Wurzeln in Ehren zu halten.

Neben der Verwendung in der Ahnenverehrung kann man Grablichte aber auch wunderbar als Ersatz für die deutlich teureren Glaskerzen verwenden. Dazu muss gesagt werden, dass das Teuerste an den Glaskerzen oft die Handelswege und Zwischenhändler sind. In den USA bekommt man diese Kerzen als Endverbraucher im Schnitt zu einem Drittel des Preises, den sie bei uns kosten. Aber man kann ja improvisieren! Mit wasserfesten Stiften, Acrylfarben, aber auch mit aufgeklebten Bildern oder farbigen Lacken kann man die Hülle von Grablichten dem Thema eines Rituals perfekt anpassen.

Da man Grablichte meist in Rot oder Weiß erhält, sind sie ideal für die Themen Liebe, Heilung, Harmonie und auch (die Roten) um persönlichen Zielen einen zusätzlichen Schub an Energie zu verleihen. Allerdings sollte man in Grablichten möglichst keine oder nur sehr wenig getrocknete Pflanzenteile als magische Zutaten verwenden. Wenn die Kerze fast abgebrannt ist, fangen sie am Boden leicht Feuer und brennen das Plastik durch.

Kerzensand

Kerzensand ist auch wunderbar in die Magie mit einzubeziehen. Besonders durch das Mischen verschiedener Farben lassen sich hier schöne Ergebnisse erzielen. Ein Beispiel: Sie wünschen sich, dass es mit Ihrem Mann besser läuft. Außerdem ist da noch in zwei Wochen ein Vorstellungsgespräch, das gut über die Bühne gehen soll. Dafür soll Sie eine nervige Bekannte auf jeden Fall im Vorfeld in Ruhe lassen. Meistens ist es ja so, dass sich mehrere Probleme überlagern, dann lässt es sich bestens mit Kerzensand arbeiten. Die unterste Schicht streuen Sie in diesem Fall aus blauem Kerzensand für eine gute Kommunikation beim Vorstellungsgespräch. Sie können auch noch etwas zerkleinerte Lorbeerblätter dazugeben, um Ihre Erfolgsaussichten zu steigern. Nun kommt darauf eine graue Schicht für die besagte Bekannte und eine rosa- oder pinkfarbene Schicht für Ihre Beziehung. Sie können entsprechend noch ein paar Wacholderbeeren unter den grauen Kerzensand mischen und unter den rosa- oder pinkfarbenen ein wenig liebesförderndes Öl (zum Beispiel Ylang-Ylang, Orange, Lavendel oder Patchouli), etwas von Ihrem Parfüm oder ein paar Stückchen Vanilleschote. Die Abfolge der Wünsche kann man nach zeitlichen Aspekten (das Nächste kommt am weitesten nach oben) oder nach der Intensität der Wünsche (das Wichtigste kommt zuoberst) ordnen.

Gelkerzen

Gelkerzen sind optimal, um der Fantasie freien Lauf zu lassen. Sie können das Gel einfärben und Glücksbringer, Kräuter, Muscheln, Blüten, Herzchen, Zettelchen, Steine, Glitter, Parfüm, Gewürze, Perlen, Murmeln, Figürchen und vieles mehr hinzufügen. Eine tolle Zaubermöglichkeit für alle, die gerne experimentieren. Vergessen Sie nicht: Im Grunde beginnt man einen Zauber schon mit dem ersten Gedanken daran und den Handlungen im seinem Vorfeld.

Das gilt natürlich für alle Kerzen. Es ist ein offenes Geheimnis unter magischen Praktikern, dass sich so mancher Zauber bereits erfüllt oder zumindest die richtige Richtung einschlägt, während man die Kerze noch in der Vorbereitung hat. Die intensive Auseinandersetzung mit dem Thema bewirkt, dass sich die Weichen manchmal schon neu stellen, bevor man die Kerze überhaupt entzündet.

Knetwachs & Co.

Mittlerweile gibt es in Bastel- und Hobbygeschäften neben den klassischen Werkzeugen zum Kerzengießen auch Knetwachse, die man ganz einfach mit den Händen in die gewünschte Form bringen kann. Damit kann man Figurenkerzen auch selbst machen, magische Zutaten mit ins Wachs hineinkneten sowie Glitter und Düfte ganz nach Belieben zufügen.

Magische Figurenkerzen und Glaskerzen

Ich kann mich noch gut erinnern, wie ich früher darauf rumgehackt habe, dass diese ganzen magischen Figurenkerzen eine große Geschäftemacherei wären. Tatsächlich braucht es für einen einfachen, kleinen Zauber nicht mehr als eine Stabkerze. Was aber, wenn etwas Besonderes ansteht? Ich habe die Figurenkerzen durchaus skeptisch erprobt und kann sie nun guten Gewissens empfehlen. Man bekommt sie im gut sortierten Esoterik- und Hexenfachhandel. Der jeweilige Name bezieht sich auf die Form der Kerze. Ihre Funktion ist aber manches Mal eine ganz andere, als man im ersten Moment vermuten würde. Ich werde diese Kerzen hier in den gebräuchlichsten Farbvarianten vorstellen. Auf Anfrage wird Ihnen ein guter Händler aber auch andere Varianten bestellen, wenn Sie beispielsweise für einen kraftvollen Geldzauber eine grüne Schlangenkerze haben möchten, die nicht ganz so geläufig ist.

Glaskerzen

Glaskerzen sind ungefähr 20 cm hoch und wie der Name schon sagt, brennen sie in einem Glas ab. Es gibt sie in den unterschiedlichsten Farben und mit den verschiedensten Aufdrucken – je nach Zweck. Es gibt so unendlich viele, dass ich Ihnen nur raten kann, sich in einem guten Geschäft beraten zu lassen oder im Internet Informationen zu sammeln. Sehr beliebt sind zum Beispiel ›Protection‹ (für Schutz), ›Adam und Eve‹ (für eine gute Beziehung), ›Black Cat‹ (für großes Glück) oder ›Come to me‹ (um jemanden anzuziehen). Da sie eine Brenndauer von über 120 Stunden haben, muss man sie in den meisten Fällen zwischendurch löschen. Manche Praktiker empfehlen, diese Kerzen tatsächlich ununterbrochen brennen zu lassen und sie über Nacht in ein großes Gefäß mit Wasser zu stellen. Ich empfehle Ihnen, lieber an den Brandschutz zu denken. Eine Kerze lässt man besser nicht unbeaufsichtigt brennen. Wenn Sie Ihre Glaskerze löschen wollen, dann stellen Sie zum Beispiel eine Untertasse darauf, um sie zu ersticken. In das nun noch flüssige Wachs geben Sie das Öl Ihrer Wahl, wenn Sie für diesen Zauber damit arbeiten. Wobei es einen weiteren guten Trick gibt, eine Glaskerze stets mit ausreichend magischem Öl zu versorgen. Dafür nimmt man einen langen, dünnen Stab oder einen Schraubenzieher und bohrt seitlich ein Loch in das Wachs der Kerze, wenn möglich bis zum Boden. Es gibt auch Praktiker, die mehrere Löcher in die Kerze bohren, zum Beispiel vier Stück – eines für jede Himmelsrichtung. Sie werden anschließend mit einem magischen Öl (oder auch mehreren) gefüllt und versorgen die Kerzen während des gesamten Abbrennens gleichmäßig damit. Noch ein kleiner Tipp aus der Praxis: die Löcher sollten nicht zu schmal sein, damit das Öl auch gut hineinfließen kann. Das hängt vor allem von der Dünn- beziehungsweise Dickflüssigkeit des gewählten Öls ab. Für ätherische Öle reichen oft schon dünnere Löcher (man möchte die Kerze ja auch nicht völlig zerpflücken), während Öle, die mit einem fetten Öl (wie zum Beispiel Sonnenblumenöl oder Mandelöl) als Basis gemacht sind, etwas größere Löcher benötigen.

Um noch einmal auf das Löschen von Glaskerzen zurückzukommen: Zünden Sie Ihre Glaskerze nach dem Löschen einfach wieder an, wenn Sie genügend Zeit haben, sie zu beaufsichtigen. Wenn man eine Kerze dazu nicht ausbläst, stört das Löschen den Zauber nicht. Haben Sie Kräuter mit in die Glaskerze gestreut, dann seien Sie vorsichtig. Wenn die Kerze bis fast auf den Grund gebrannt ist, stellen Sie sie in einen hohen Topf. Es kommt zwar nicht allzu oft vor, aber manchmal knallt einem unten das Glas durch. Was übrigens – wie schon bei den Votivkerzen erwähnt – ein Zeichen für einen sehr energiegeladenen Zauber, also sehr positiv zu werten ist! An einer Glaskerze können Sie auch gut ablesen, wie Sie vorankommen werden. Je mehr Ruß sich beim Herunterbrennen im Glas bildet, desto schwerer wird das Vorankommen auf diesem Gebiet. Es ist wirklich erstaunlich: Ich habe schon Kerzen gesehen, die zum Schluss völlig schwarz waren und solche, deren Glas beim Abbrennen bis auf einen kleinen Schleier absolut klar blieb. Falls Ihre Kerze stark rußt, machen Sie den Zauber noch einmal mit einer zweiten Kerze oder einen anderen Zauber, um die betreffende Angelegenheit zu unterstützen! Sie haben dann noch einige Widerstände zu überwinden. Sollte der Zauber, für den Sie mit der Kerze gearbeitet haben, anziehender Natur gewesen sein (Liebe oder Geld anziehen) und die Glaskerze ist stark verrußt, ist zudem zu überlegen, ob zuvor nicht reinigende und bannende Arbeiten notwendig sind, damit man erst einmal den offensichtlich vorhadenen Negativeinfluss bannt und danach wieder aufbauend und anziehend an seinem Ziel weiter arbeitet.

Noch etwas Wichtiges: Folgen Sie bei all Ihren Arbeiten mit den Kerzen zu allererst Ihrem Gefühl! Ich kann das wirklich nicht oft genug betonen. Was ich nun im Weiteren ausführe, sind die allgemeinen Bedeutungen dieser Kerzen. Sie müssen jedoch nicht mit Ihren ganz persönlichen Bedeutungen der Kerzen übereinstimmen. So habe ich zum Beispiel schon Hexen kennengelernt, die grüne Teufelskerzen als Symbol des Naturgottes Pan verwenden, der nun wirklich nichts Teuflisches an sich hat. Da er jedoch ebenfalls Hörner trägt und grün naturgemäß zu den Hauptfarben eines Hirtengottes gehört, kann man das sehr stimmig für die eigenen Bedürfnisse abwandeln. Eine weibliche Figurenkerze kann im Ritual grundsätzlich auch für eine Göttin und eine männliche Figurenkerze für einen Gott stehen. Mit ein wenig Dekoration beispielsweise mit den typischen Symbolen und natürlich durch die Wahl der Farbe, kann man sie auf spezielle Gottheiten abstimmen. Die so gestalteten Kerzen können für Anrufungen und als Opfergaben benutzt werden.

Noch ein praktischer Tipp: Stellen Sie Figurenkerzen immer auf einen großen Teller oder Untersetzer. Diese Kerzen haben keine gleichmäßige Oberfläche, daher rinnt unvermeidlich Wachs an ihnen herunter. Nachdem ich mir selbst anfangs ein paar Tischdecken damit verdorben habe, müssen Sie ja nicht dasselbe tun. Außerdem ist so ein großer Untersetzer wunderbar, um ihn passend zum Ziel des Rituals zu dekorieren. Für einen Liebeszauber können Sie gegebenenfalls Rosenblütenblätter, Eisenkraut, Lavendelblüten, pinkfarbenen oder roten Glitter und kleine rote Deko-Herzchen um die Kerze herum streuen. Für Geldmagie eignen sich Lorbeerblätter, Zimt und Kalmuswurzel, dazu Spielgeld, chinesische Glücksmünzen oder die Kopien von Kontoauszügen, welche in Zukunft rosiger aussehen sollen.

Reversible Kerzen

Innen rot und außen schwarz gibt es diese Kerzen in verschiedenen Größen und Formen, zum Beispiel auch als Schlangenkerze. Man bekommt sie auch als Glaskerzen, wobei Sie da genau auf die Anordnung der Farben achten sollten, denn es gibt zwei Varianten. In der ersten Variante handelt es sich um eine etwas kitzelige Farbkombination, doch auch die kann man positiv meistern. Bei ihr befindet sich die rote Wachsschicht oberhalb der schwarzen und ihre Wirkung ist in der Art, dass sie zuerst Power aufbaut (rot) und dann stark bannend oder auch negativ wirkt (schwarz). Wie immer gilt auch hier: die Wirkung ist gleich Ihrer persönlichen Zielsetzung. Auch damit kann Gutes bewirkt werden, beispielsweise in Notsituationen, in denen man sich gar nicht anders zu helfen weiß und gleichzeitig reinigende Pflanzen oder positive Heilsteine mit einbezieht, um dem Zauber die richtige Richtung zu geben.

Genau anders herum wirken die reversiblen Glaskerzen, bei denen sich die schwarze Wachsschicht oberhalb der roten befindet. Diese Kerze wirkt zuerst bannend (schwarz) um danach die Lebenskräfte wieder positiv aufzubauen (rot). Im direkten Vergleich der beiden Kerzen kann man es so sagen: die letztere Variante (schwarz über rot) ist vor allem für Anliegen geeignet, bei denen man erst etwas bannen und dann etwas aufbauen möchte, während die erste Variante (rot über schwarz) vor allem in Situationen zum Einsatz kommen sollte, in denen man zuerst Power aufbauen will und danach ein für alle Mal eine klare Bannung erzielen möchte.

Reversible Kerzen in der Stabkerzen- oder Jumboform (diese sind etwas größer und dicker als normale Stabkerzen) benutzt man grundsätzlich in chaotischen Lebenssituationen und wenn eine negative Situation ins Positive umgekehrt werden soll. Diese Kerzen sind also nicht ohne Grund so beliebt. Da Rot die Farbe des Lebens ist, kann man diese Kerzen für alle Bereiche benutzen. Der rote Kern der Kerze brennt sozusagen die Schwärze, die sich in einem Lebensbereich angesammelt hat, hinfort. Sie sind ideal in den Phasen des abnehmenden Mondes zu benutzen. Auch zur Vorbeugung, wenn man irgendwie so ein komisches Gefühl hat, dass etwas Negatives auf einen zukommen wird – was dann ja meistens tatsächlich eine Vorwarnung ist! Alle anderen Kerzen, die ich jetzt noch aufzählen werde, bekommt man mit etwas Glück ebenfalls in der reversiblen Ausführung, also innen rot und außen schwarz. Diese werden genauso benutzt, um Negatives zu neutralisieren und im selben Schritt Positives anzuziehen. Wer mag, kann zu diesen Kerzen auch das passende ›reversible‹ Öl benutzen. Es gehört zu den unzähligen beliebten Anna-Riva-Ölen. Ich gehe im Folgenden noch näher auf sie ein. Wer schnell eine reversible Kerze benötigt, sie aber nicht vorrätig hat, der kann auch mit einer roten und einer schwarzen Kerze improvisieren. Dafür gibt es zwei Möglichkeiten. Einmal kann man beide Kerzen halb schneiden und die obere, schwarze Kerzenhälfte auf der unteren roten Kerzenhälfte mit etwas Wachs befestigen. Am besten lässt man dabei ein wenig Docht beim unteren, roten Kerzenteil seitlich stehen, bevor man sie zusammendrückt, so kann die Flamme leicht von einer Kerzenhälfte auf die andere überspringen. Diese Variante ist auch unter dem Namen »double action« bekannt und wirkt genau wie die reversiblen Kerzen: zuerst wird das Negative (schwarz) gebannt, danach baut das Rot die guten Lebensgeister wieder auf.

Als zweite Variante kann man eine rote Kerze von außen vollständig mit dem Wachs einer schwarzen Kerze betropfen und anschließend die Oberfläche etwas glätten. Das sieht nicht ganz so schön aus wie eine fertig gekaufte Kerze, aber es erfüllt seinen Zweck.

Frau

Die Frauenkerze ist in grün, rot, weiß und schwarz am gebräuchlichsten, seit einer Weile sieht man sie auch öfter mal in hellblau, braun oder gelb. Sie stellt eine nackte Frau dar, ganz selten gibt es im Handel auch Frauenkerzen, bei denen die Figur ein Kleid trägt. Für alle weiteren Farben (auch für die folgenden Kerzen) verweise ich auf die Farbtabelle hier im Buch, wenn Sie zu einem speziellen anderen Thema mit dieser Kerze arbeiten möchten. Die Frauenkerze wird entweder von einer Frau, die sich selbst damit positiv beeinflussen möchte, oder von einer anderen Person, die auf eine Frau einwirken möchte, benutzt. So kann sich ein Mann, der sich eine Freundin wünscht, eine rote Frauenkerze besorgen und damit magisch arbeiten, um eine Dame in sein Leben zu zaubern. Eine Frau kann aber auch selbst zur roten Frauenkerze greifen, um attraktiver auf Männer zu wirken. Farblich gilt hier: Rot für die Liebe, Lust und Lebenskraft, Grün in Sachen Wachstum, Finanzen, Fülle und Schwarz, wenn man etwas Negatives verbannen möchte. Daher sind schwarze Kerzen in Hexenkreisen auch so beliebt für Heilungsmagie, egal ob sie sich auf den Körper oder ein gebrochenes Herz beziehen. Schwarz zieht das Negative fort. Besonders positiv ist es also, während des abnehmenden Mondes mit Schwarz zu bannen und dann bei zunehmendem Mond die so entstandene ›Leere‹ wieder mit positiven, bunten Kerzenzaubern anzufüllen. Viele magische Überlieferungen betonen diesen Punkt ganz besonders, ich hatte ihn schon bei der Beschreibung der Kerzenfarbe Schwarz einfließen lassen und möchte ihn an dieser Stelle noch einmal aufgreifen. Einfach nur bannen ist oft zu wenig, man muss das Kräftevakuum, das durch die Bannung entsteht mit etwas Wünschenswertem füllen, damit sich nicht irgendwel-

che Energien einfinden, die es sich ungefragt darin gemütlich machen wollen. Viele Situationen lassen sich so tief gehend und gründlich zum Guten umstrukturieren. Weiße Frauenkerzen benutzt man, wenn man nicht genau weiß, welche Farbe die Beste wäre, aber auch zum (Be)reinigen von Situationen. Wer Schwarz nicht für eine Heilung verwenden möchte, ist mit Weiß gut beraten. Auch Blau wäre hier eine Variante, als kühle Farbe verwendet man es vor allem für »heiße« Beschwerden, wie Entzündungen oder emotionale Probleme, die darauf beruhen, dass man innerlich heiß gelaufen ist und sich im Kreis dreht. Der Begriff Burn-out fängt das sehr genau ein, denn wer ausgebrannt ist, hat irgendwann einmal stark für etwas gebrannt. Ich möchte an dieser Stelle anmerken, dass Kerzenmagie in solchen Fällen selbstverständlich nur eine Unterstützung darstellen sollte. Sie kann viel Gutes anstoßen, aber man sollte sämtliche Hilfsmöglichkeiten ausschöpfen und sich auch professionellen Rat oder die Unterstützung von Selbsthilfegruppen holen, um das Problem auf allen Ebenen anzugehen.

Mann

Was für die Frauenkerze gesagt wurde, gilt auch für die Männerkerze. Der Mann kann sich damit selbst positiv beeinflussen, oder aber eine andere Person möchte auf einen Mann Einfluss nehmen. Beide

Kerzen werden auch unter der Bezeichnung Adam- oder Eva-Kerzen angeboten.

Noch ein Tipp aus der Praxis: wer gerade keine Personenkerze im Haus hat oder generell am liebsten alles in seiner magischen Praxis selbst gestaltet, kann auch Stabkerzen als männliche beziehungsweise weibliche Figurenkerze benutzen. In diesem Fall ritzt man mit einem spitzen Gegenstand Andeutungen eines Kopfes sowie des Geschlechts, das die Kerze repräsentieren soll, in die Stabkerze. Wer es noch puristischer mag, kann bei einer Frau ein weich geschriebenes »W« für den Busen und ein »V« für den Schoß verwenden. Bei einer Männerkerze kann man ein aufrechtes Dreieck im Schoß einzeichnen und von der gedachten Brust bis zur gedachten Hüfte der Kerze seitlich zwei keilförmige Linien nach unten laufen lassen, die die V-förmige Körperform eines Mannes abbilden. Fühlen Sie sich frei zu experimentieren! Bei solchen selbst gestalteten Kerzen entsteht eine sehr abstrakte und symbolische Optik, die ihren Reiz hat, schließlich ist Magie zum großen Teil genau das: die bewusste Arbeit mit Symbolen.

7-Knopfkerzen
(auch 7-Knoten- oder 7-Tagekerzen genannt)

Diese Kerzen sind neben den Katzenkerzen am besten für Anfänger der Kerzenmagie geeignet. Mit einer 7-Knopfkerze kann man nicht viel falsch machen, aber umso mehr schöne Dinge in sein Leben holen! Diese Kerze sieht aus wie sieben Wachskugeln, die übereinandergesetzt wurden. Es gibt sie auch mehrfarbig im Handel, sodass man mit einer Kerze gleich sieben Themen bearbeiten kann. Man lässt diese Kerze an sieben aufeinanderfolgenden Tagen jeweils Knoten für Knoten herunterbrennen. Zeitlich ist das gut unterzubringen, da eine solche Wachskugel nur um die 2–3 Stunden brennt. Wenn man Zeit hat für die Realisierung seines Zieles, kann man die Energie auch über sieben Wochen aufbauen und die Kerze am jeweils passenden Wochentag über sieben Wochen verteilt abbrennen lassen. Auch wenn geduldig zu sein manchmal schwerfällt, ist es doch äußerst wirksam, weil sich die Energie so Stück für Stück aufbauen kann.

Natürlich kann man bei den 7-Knopfkerzen auch wunderbar improvisieren und sie selbst machen. Entweder, indem man eine etwas dickere Kerze entsprechend zurechtschnitzt oder indem man die Kerze in sieben gleich große Teile unterteilt und dann in Etappen abbrennen lässt. Dazu kann man kleine Kerben in die Seite der Kerze schneiden oder sie mit Nadeln, die man seitlich in die Kerze steckt, unterteilen. Es gibt immer viele Legenden in der Magie, wie die verschiedenen Techniken entstanden sein sollen, aber bei den Figurenkerzen ist es so, dass sie erst auf Nachfrage von Praktizierenden hin entstanden. Die Vorgänger der 7-Knopfkerzen waren einfache, siebenfach unterteilte Kerzen, die von den Zaubernden selbst angefertigt wurden.

Lovers

Die Loverskerze ist ein leidenschaftlich umschlungenes, stehendes oder sitzendes Paar, je nach Ausführung. Sie wird vorzugsweise in Rot (Leidenschaft, Liebe, neue Energie) oder Pink (Romantik, Zärtlichkeit, Gefühl) für schon bestehende Beziehungen benutzt. Um Beziehungen anzubahnen, benutzt man daher besser die einzelnen Frauen- und Männerkerzen. Viele Leute, die ich kennengelernt habe, meinten, diese Kerze sei doch viel zu schön, um sie abzubrennen. Wer es trotzdem tat, hat es aber nie bereut. Man kann sie natürlich auch als zauberhafte Dekoration benutzen, wenn man es nicht übers Herz bringt – Magie ist, was man daraus macht!

Hochzeitskerze

Diese Kerze stellt ein Hochzeitspaar dar und wird in der roten Ausführung benutzt, um eine Beziehung in Richtung Heirat zu lenken. Nun leben wir aber nicht mehr im 19. Jahrhundert: Man kann sie natürlich auch nutzen, um eine Lebenspartnerschaft ohne Trauschein positiv zu beeinflussen. Im Gegensatz zur Loverskerze stehen dabei mehr die häuslichen Themen wie Treue, Ehrlichkeit und Solidarität im Vordergrund. Die schwarze Hochzeitskerze kann benutzt werden, um eine langfristige Beziehung oder Ehe zu trennen beziehungsweise deren Trennung, wenn sie nötig geworden ist, zu unterstützen. Da Schwarz aber immer auch eine Negativität abwendende Farbe ist, wird diese Kerze auch gern von Paaren verwendet, die Angriffe von außen zu überstehen haben. Das können Menschen sein, die Intrigen spinnen oder solche, die einem immer wieder besserwisserisch hineinreden wollen. Wenn Sie diese Kerze gerne in diesem Sinne benutzen würden, aber Bedenken wegen der schwarzen Farbe haben, dann stellen Sie links und rechts davon eine weiße Kerze auf, die Sie mit Rosmarinöl eingerieben haben, und reiben Sie auch die schwarze Hochzeitskerze mit Rosmarinöl ein. Dieses verhindert, dass der Zauber sich in irgendeiner Weise gegen Sie als Paar richten könnte.

Katzenkerze

Katzenkerzen sind mehr als nur beliebt! Das ist auch kein Wunder, wenn man bedenkt, dass die Katze ein Liebling der Göttinnen rund um den Globus ist (wie zum Beispiel Freya, Anu, Mafdet, Xi Wang Mu oder Bastet) und im Hexenglauben für Wohlbefinden, Glück, Liebe, (Lebens-)Lust und Cleverness steht. Sie ist die Begleiterin der Hexen schlechthin. Ich weiß von vielen Menschen, dass sie es nicht übers Herz bringen, diese Kerzen anzuzünden und sie stattdessen als Glücksbringer in die Wohnung stellen, was ebenfalls positive Auswirkungen zeigt. Hierbei steht die schwarze Katze für ganz besonders viel Glück, man kann sie für jedes Thema einsetzen, auch wenn man etwa von einer Pechsträhne heimgesucht wird. Die rote Katzenkerze bringt Glück und Wohlbefinden in Liebesdingen, und die grüne Variante sorgt für Aufschwung in Sachen Wachstum, Finanzen, Geschäft und Jobsuche.

Schlangenkerze

Hier streiten sich die Gelehrten oft und gerne, was schlicht an der Deutung der Schlange als Symboltier liegt. Im christlichen Glauben ist sie die böse Verführerin, arglistig, täuschend und giftig. Wie anders

sehen hingegen die vorchristlichen Religionen, die die Basis der heutigen Hexenreligion bilden, die Schlange: als Symbol für Weisheit, Erneuerung, Unendlichkeit, Heilkraft und Klugheit. Noch vor nicht allzu langer Zeit fütterten die Bauern in den Alpen ihre Krönchennatter. Als guter Hausgeist taucht die Schlange immer wieder in den verschiedensten Kulturkreisen auf. Sie müssen es also selbst entscheiden: Empfinden Sie Schlangen als negative, zischelnde Wesenheiten, oder sehen Sie sie als weise, mystische Kraft an? Wenn Sie sich mit diesem Symboltier gut anfreunden können, ist die Schlangenkerze etwas für Sie! Man benutzt sie hauptsächlich in den Farben Rot und Schwarz. Rot nimmt man für starke Liebesrituale, aber auch um die Lebenskraft zu erneuern und die Vitalität zu fördern. Schwarze Schlangenkerzen werden benutzt, um sehr negative Dinge zu bannen und zu verarbeiten. Sie sind auch großartige Kerzen für den Schutz, egal ob es um böses Gerede, Drohungen oder Angriffe gegen Sie und/oder Ihre Lieben geht. Die schwarze Schlange wird Ihnen wie eine weise Mutter beistehen, um diese negative Situation zu beenden.

Hexenkerze

Diese Kerze wird ebenfalls fast ausschließlich in Rot oder Schwarz verwendet. Sie sieht aus wie eine stehende Hexe mit Hexenhut und einem Besen in der Hand. Viele Hexen stellen sie sich auch gerne zur Dekoration in die Wohnung. Magisch jedoch benutzt man sie in Rot, um mächtige Liebesmagie zu wirken und in Schwarz, um bösartige Menschen zu verwirren, sodass sie einem nicht schaden können. So gesehen hat die Hexenkerze ähnliche Wirkungen wie die Schlangenkerze. Wer sich mit der Schlange als Symbol nicht ohne Weiteres anfreunden kann, ist mit einer Hexenkerze als gleichwertigem Ersatz gut beraten.

Totenkopf- oder Schädelkerze

Die Totenkopfkerze wird vor allem in Schwarz verwendet. Egal in welcher Farbe – sie dient immer dazu, schwerwiegende und/oder hoffnungslose Krankheiten loszuwerden, mit ihnen magisch zu arbeiten. Es ist eine Kerze für sehr schwere Zeiten im Leben, die nur selten und in großen Notsituationen Verwendung findet, um das Schicksal zu wenden und die negativen Kräfte zu stoppen.

Es gibt neben dieser Verwendung auch die Tradi-

tion, diese Kerzen zu benutzen, um damit symbolisch den Kopf einer Person (also ihre Gedanken) zu beeinflussen – sozusagen als Kopfkerze an sich. Hier ist der Grat zur manipulativen Magie sehr schmal, trotzdem kann es manchmal eine gute Wahl sein, beispielsweise wenn man jemanden ganz real oder im übertragenen Sinne nicht erreichen kann und auf geistigen Wegen seine Botschaft überbringen möchte. Der andere empfängt sie dann als spontanen Gedanken, manchmal aber auch in seinen Träumen. Auch hier kommt es genau auf das Wie an. Eine Botschaft zu senden ist nicht verboten, das tun wir im alltäglichen Leben ja auch, indem wir jemanden anrufen oder eine Nachricht senden. Manipulativ wird es erst, wenn man bestimmen will, wie derjenige auf die Botschaft zu antworten hat. Das ist genau der Schritt, an dem man zu weit geht und die Grenze überschreitet.

Mumienkerzen

Diese Kerzen haben die Form einer Mumie im Sarkophag. Sie ähneln der Totenkopfkerze in der Wirkung und werden entzündet, um schwere Krankheiten und schlimme oder gefährliche Dinge,

Situationen oder auch Personen fernzuhalten. Sie werden allerdings nicht benutzt, um zu jemandem auf geistigem Weg Kontakt aufzunehmen, das gilt nur für die Schädelkerzen.

Teufelskerze

Die Teufelskerze erschreckt so manchen beim ersten Hinsehen. Das ist jedoch unbegründet! Gerade den schwarzen Teufel verwendet man, um Negatives loszuwerden und auch, um die Wohnung oder das Haus von negativen Energien zu reinigen. Natürlich, da bin ich ganz ehrlich, kann man sie auch für schwarzmagische Handlungen benutzen. Wer das tun möchte, muss es mit seinem eigenen Gewissen vereinbaren. Zur Verwendung des roten Teufelchens kann man nur in bestimmten Fällen raten – er steht nämlich für zwingende Liebe. Das kann in einzelnen Fällen tatsächlich ein Weg sein, um den Stein wieder ins Rollen zu bringen. Hier ist viel Fingerspitzengefühl gefragt, vor allem bei der Formulierung der entsprechenden magischen Sprüche und der Absicht des Zaubers. Es ist keine Kerze für Anfänger. Außer natürlich das schwarze Teufelchen. Dieses kann jeder ohne

Bedenken anwenden, um von Negativem zu reinigen. Wer dabei jede Negativität noch einmal extra abschirmen möchte, reibt ihn vor dem Gebrauch mit Kampferöl ein. Wie bereits erwähnt, wird die grüne Teufelskerze von manchen Hexen als Symbol für den gehörnten Naturgott (wie zum Beispiel Pan) verwendet. Als passende weibliche Gegenspielerin kann man eine grüne Frauenkerze für die Göttin verwenden.

Kreuzkerze

Diese Kerze sieht aus wie ein Kreuz und wird vor allem als Dankeschön oder versehen mit einer Bitte für die persönlichen Helfer (Götter, Engel, Heilige, Naturgeister …) angezündet. Hier muss ich einmal ein großes Plädoyer für diese Kerzen in allen Farben halten. Meist bekommt man sie ja nur in Schwarz, Rot und Weiß. Fragen Sie unbedingt bei Ihrem Händler nach, ob nicht auch andere Farben bestellbar sind. Diese Kerzen sind so positiv, dass man sie ruhig auch in Grün, Orange, Blau oder Violett öfter einmal verwenden sollte. Zur Wunscherfüllung und zum positiven Anschieben der persönlichen Umstände sind sie sehr zu empfehlen.

Kreuze sind uralte Symbole, die es schon lange vor dem Christentum gab. Bereits auf den frühen, schamanischen Zeichnungen der Menschheit finden sich Kreuzsymbole. Sie stehen für das Aufeinandertreffen zweier unterschiedlicher Ebenen an einem gemeinsamen Ort und sind damit ein magisches Zeichen par excellence: sie verknüpfen die spirituelle mit der alltäglichen Welt.

Geschlechtsteilkerzen

Schwarze Penis → Penis abfalle

Bei diesen Kerzen handelt es sich um die anatomische Nachbildung des männlichen oder weiblichen Geschlechts. Ich möchte sie nicht unberücksichtigt lassen, nur weil sie ein bisschen oh la la sind, denn sie können viel Gutes bewirken. Die weißen Geschlechtsteilkerzen werden verwendet, um Unterleibsbeschwerden zu lindern oder auch als magische Unterstützung nach schweren Geburten und Operationen jeder Art in diesem Bereich. In Rot benutzt man sie, um eingeschlafene sexuelle Leidenschaft wieder zum Lodern zu bringen. Die schwarze Variante nimmt man, um eine bösartige Erkrankung der Geschlechtsorgane zu beschwichtigen oder wenn es einen Fall von sexuellem Missbrauch gegeben hat. Das hat nichts mit Schwarzer Magie zu tun. Wenn eine Person

von einer anderen Person auf diese schlimme Art und Weise gedemütigt und benutzt worden ist, dann ist es das Recht und die Pflicht des Opfers, sich zu schützen und all die Negativität, die an der Schrecklichkeit des Missbrauchs klebt, an den Täter zurückzusenden. Gerade in diesem Bereich ist es um die irdische Gerichtsbarkeit nicht immer zum Besten bestellt, sodass die Magie manchmal auch heute noch in ihre uralte Rolle der ausgleichenden Gerechtigkeit schlüpfen muss. Die schwarze Geschlechtsteilkerze kann aber auch allgemein gegen aufdringliche Verehrer, Stalker (wobei hier auch eine schwarze Schlangenkerze gute Dienste leistet) oder ähnlich unangenehme Menschen verwendet werden. Man nimmt dabei immer die Kerze des Geschlechts des Täters.

Bedeutungen der Kerzenflamme für den Zauber

Auch hier möchte ich wieder ein paar Ansätze geben, die Sie mit Hilfe Ihrer eigenen Beobachtungen erweitern können. Denn aus der Art und Weise wie eine Kerze in windstiller Umgebung abbrennt, kann man sehr zuverlässig Zeichen für die Wirksamkeit des Zaubers ablesen. Es ist erstaunlich, was einem mit magischen Kerzen alles passieren kann, das man mit normalen Kerzen eher selten erlebt: Hüpfende Flammen, knackende Geräusche, symbolhafte Gebilde, die sich aus tropfendem Wachs bilden und vieles mehr sind an der Tagesordnung. Eine brennende Kerze und ihre Überreste nach dem Abbrennen können also im wahrsten Sinne des Wortes wie ein Orakel gelesen werden, das einem Informationen über den Energiefluss des Zaubers gibt. Etwas technisch ausgedrückt: Man kann daran ablesen, wie die Energie des Zaubers in das große Energiesystem der geistigen Welt eingespeist wurde, ob sie gut fließt, ob es stockt oder ob es Besonderheiten gibt.

Die Kerze rußt beim Abbrennen

Noch müssen negative Widerstände überwunden werden. Haben Sie Geduld, und führen Sie den Zauber gegebenenfalls ein zweites Mal aus. Es wird nicht so einfach, wie gedacht. Je dunkler der Ruß ist, desto größer sind die Hindernisse. Bei Glaskerzen ist es interessant zu schauen, in welchem Bereich sich der Ruß befindet: Ist er nur am oberen Rand der Kerze, dann sind es Widerstände schon fast überwunden und nicht so gravierend. Ist das gesamte Glas verrußt, dann sollte man weiter am Thema arbeiten. Bei Stab- und Figurenkerzen sieht man das Rußen über der Flamme. Dabei spielt vor allem die Zeitspanne eine Rolle. Eine Kerze die nach dem Entzünden kurz rußt, ist noch kein schlechtes Omen (das kann auch einfach an den Ölen liegen, mit denen man sie bearbeitet hat), rußt sie jedoch die ganze Zeit, sollte man das im Auge behalten und vielleicht noch ein weiteres Mal magisch an der Sache arbeiten.

Die Kerze flackert

Man hat einen Widersacher. Es gibt Umstände oder Personen, die aktiv dem eigenen Vorhaben entgegenstehen. Auch hier kann man nach einer Weile den Zauber wiederholen. Dabei sollte ebenfalls die Flamme beobachtet werden, ob sich schon etwas bessert. Da alle Kerzen flackern, sobald es einen

Luftzug gibt, gilt dieses Orakel nur für windstille Plätze. Manche überprüfen das im Fall des Falles, indem sie in der Nähe der Zauberkerze eine weitere, ganz normale Kerze entzünden und deren Flamme mit der Flamme der magischen Kerze vergleichen. Flackert nur die magische Kerze, hat man ein eindeutiges Zeichen.

Die Kerze knistert, schlägt Funken

Viel Energie! Hindernisse können überwunden werden. Es wird möglicherweise nicht so leicht, wie erhofft, aber man wird sich tapfer schlagen, und alles geht gut aus. Wenn die Kerze ein gut hörbares, knackendes Geräusch von sich gibt, sollte man seinen letzten Gedanken noch einmal wiederholen, oft ist es ein Zeichen in Bezug auf das, was man in dem Moment vor oder während des Geräuschs gedacht hat.

Die Kerze brennt gerade und klar

Das ist ein sehr gutes Omen für den Zauber. Es gibt keine störenden Einflüsse, alles geht glatt.

Die Kerze brennt mit kleiner Flamme

Wenig Energie. Ein Omen für Verringerung, Verkleinerung und Ähnliches im Themenbereich des Zaubers. Oft bedeutet es: Die Sache, mit der man an seinem Zauber arbeitet, wird länger dauern, der Wunsch geht so schnell nicht in Erfüllung. Das heißt nicht, dass er überhaupt nicht in Erfüllung geht, aber kleine Kerzenflammen deuten auf längere Zeiträume hin, bis man es schafft. Geben Sie gegebenenfalls ein wenig Ingwer (bei anziehenden Zaubern, als ätherisches Öl oder Pulver) oder Pfeffer (bei bannenden Zaubern, nur kleine Mengen) hinzu, um dem Zauber »Feuer zu machen«.

Verändert sich auch weiterhin nichts an der Flamme, sollte man noch einmal an diesem Thema arbeiten. Manchmal wird auch die zweite Kerze mit kleiner Flamme abbrennen, das muss als Zeichen des Schicksals genommen werden, dass sich diese Angelegenheit auf jeden Fall langsam entwickeln wird – ob es einem gefällt oder nicht. Man kann trotzdem weiter daran arbeiten, aber sollte sich realistisch darauf einstellen, dass es seine Zeit brauchen wird.

Die Kerze brennt mit großer Flamme

Viel Energie, positive Entwicklung. Wenn die Kerze ohne zu rußen mit großer Flamme verbrennt, ist das ein noch besseres Omen als die gerade brennende

Kerze mit mittlerer Flamme. In diesem Fall braucht es kein weiteres Arbeiten am Thema oder Wiederholungen des Zaubers für das magische Ziel.

Die Flamme wird im Laufe des Abbrennens größer

Ebenfalls ein sehr positives Omen, das auf leichtes Vorankommen und Erfolg schließen lässt. Man überwindet alle anfänglichen Hindernisse, und es wird danach immer einfacher, sich seinem Ziel zu nähern.

Die Flamme erlischt von selbst

Ein schlechtes Zeichen. Wenig Energie und viele Widerstände. Hier sollte auf jeden Fall nicht nur magisch, sondern auch im realen Leben am Thema des Zaubers gearbeitet werden. Am besten gibt man in diesem Fall weitere, den Zauber verstärkende Pflanzen dazu, bevor man die Kerze wieder entzündet. Erlischt die Kerze mehrfach, ist das ein eindeutiger Hinweis, den Zauber als solchen zu überdenken: Habe ich mich in irgendetwas verrannt? Was ist mein wirkliches Ziel? Was ist der Wunsch hinter meinem Wunsch? All diese Fragen sind dann angebracht. Eine Kerze, die ihren Dienst verweigert, zeigt an, dass eine Kurskorrektur notwendig ist.

Die Flamme ›hüpft‹

Manchmal ›hüpfen‹ Kerzenflammen zur Seite oder auch komplett der Länge nach. Dies ist ein Zeichen, dass man das Thema des Zaubers unverkrampfter angehen soll, dann werden einem auch die nötigen positiven Umstände entgegenkommen. Man sollte seine Einstellung lockern und spielerischer herangehen, dann wird alles gut.

Die Flamme neigt sich nach rechts

Ein gutes Omen für Dinge, die im materiellen Bereich mit einem Zauber manifestiert werden sollen. Damit sind alle handfesten Themen gemeint, wie das Geldverdienen, die Wohnsituation, praktische Dinge und ganz konkrete Handlungen. Einfach gesagt: alles, was man sehen und anfassen kann.

Die Flamme neigt sich nach links

Ein gutes Omen für alles im seelischen, zwischenmenschlichen und spirituellen Bereich, wenn man diese Dinge mit seinem Zauber beleben möchte. Für den materiellen, greifbaren Bereich ist eine sich nach links neigende Kerzenflamme ein Zeichen, dass die Dinge, die man anstrebt, noch nicht reif sind und Konzepte und Ideen noch einmal überarbeitet werden sollten. Neigt sich die Flamme umgekehrt bei einem emotionalen Zauber nach rechts, sollte man sich überlegen, ob man wirklich seinem Gefühl folgt oder ob es nicht doch eher äußere Dinge sind, die einen im tiefsten Herzen bewegen.

Die Kerze wirft ein Sternchen

Mit einem Sternchen meine ich einen kleinen Funken, der für einen kurzen Moment aus der Flamme heraushüpft und dann gleich wieder in ihr verglüht, was wie ein weißes Sternchen auf der gelben Kerzenflamme aussieht. Dieses Zeichen ist besonders gut, denn es zeigt an, dass die geistige Welt den Wunsch genau wahrnimmt und einem schon durch die Flamme hindurch Mut machen möchte, dass man auf dem richtigen Weg ist.

Die Kerze tropft

Bei Kerzen, die mit Kräutern behandelt wurden, oder bei Figurenkerzen, ist es unvermeidlich, dass sie tropfen. Dieses Omen gilt also nur für gerade, glatte Stabkerzen. Das Tropfen der Kerze bedeutet kleinere Verluste. Oder einfach nur, dass man sie nicht ganz gerade hingestellt hat, manchmal ist es auch die ganz normale Schwerkraft, die da am Wirken ist, und nichts Mystisches. Für mich persönlich ist es ein Zeichen, dass sich der Zauber positiv auswirken wird und dabei mit seiner positiven Wirkung auch noch andere Personen betrifft, die von den Tropfen angezeigt werden. Daher ist es eine schöne Sache, die auftretenden Tropfen welche an der Kerze herabrinnen, zu zählen und sich einmal zu überlegen, wer die betreffenden Personen sein könnten.

Manche Überlieferungen deuten die Tropfen der Kerze als Tränen, die man weinen wird, bis man sein Ziel erreicht. Mir persönlich war das immer eine zu einfach gestrickte Sichtweise, und es hat sich in der Praxis nie bewahrheitet. Wenn Sie von ähnlichen Überlieferungen hören, nehmen Sie sie als das, was sie sind: Eine magische Überlieferung. Was für einen selbst gilt und stimmig ist, das muss man aber immer noch in der eigenen Praxis herausfinden.

Bei allen Zeichen, die Kerzen geben gilt: Beobachten Sie in aller Ruhe, und spüren Sie Ihrem Gefühl nach! Es ist möglich, dass für Sie persönlich andere Gesetze gelten. Die hier beschriebenen Deutungen der Kerzenflamme sind traditioneller Natur, Sie können durchaus etwas anderes für sich herausfinden, zum Beispiel dass es bei knisternder Flamme für Sie im entsprechenden Bereich auch aufregende, positive Veränderungen geben kann. Führen Sie Buch, wenn Sie mögen, und finden Sie heraus, welche Kerzenbewegungen zu welchen Ergebnissen des Zaubers führten.

Kerzen präparieren

Ich werde Ihnen hier die gebräuchlichsten Formen vorstellen, die Sie wie nach Lust und Laune kombinieren können. Mit der Zeit entwickeln Sie sicher eigene Geheimrezepte. Hin und wieder ist dabei auch Improvisationstalent gefragt, wenn die ein oder andere Zutat gerade nicht verfügbar ist. Die in magischen Rezepten erwähnten Zutaten haben natürlich ihren Sinn, aber nicht jeder hat einen Laden für Zaubersachen oder ein Ökogeschäft, das auch Ausgefallenes führt, um die Ecke. Das Internet hat in diesem Bereich einiges erleichtert, aber man darf auch nicht außer Acht lassen, dass magisches Arbeiten nicht unbedingt mit magischen Shoppen gleichzusetzen ist.

Außerdem bringt uns das Improvisieren in unserer magischen Entwicklung weiter. Sie lernen dadurch und entwickeln eigenes Wissen. Wenn Sie noch am Anfang stehen, wollen Sie sicher alles ganz richtig machen und werden sich vielleicht ein bisschen gegen die Vorstellung zu experimentieren sträuben. Das ist auch nicht weiter schlimm. Sie werden selbst merken, wann und inwieweit Sie eigene Wege in der Magie gehen wollen. Denn so manche(r) zaubert sein Leben lang nach Rezept und ist glücklich damit.

Es ist Ihre Sache! Und wenn ich in diesem Buch meine eigene, experimentierfreudige Ansicht vertrete, müssen Sie diese keineswegs übernehmen. Aber nun zu den verschiedensten Wegen, wie man aus einer Kerze ein Transportmittel für Wünsche macht.

Einritzen

Man kann mit etwas Geschick so ziemlich alles in eine Kerze ritzen. Viele Hexen ritzen grundsätzlich auf die Unterseiten ihrer Ritualkerzen ein Pentagramm. Für Kerzen, die einem Liebeszauber dienen, ist auch der sechseckige Davidsstern eine gute Idee, der aus zwei entgegengesetzten, aufeinanderliegenden Dreiecken besteht und in der westlichen Magie die Vereinigung des weiblichen und des männlichen Prinzips symbolisiert. Auf die Kerze selbst kann man seinen Wunsch einfach geschrieben einritzen und mit passenden Symbolen, wie zum Beispiel Herzchen, Planetenzeichen (siehe Anhang), selbst entworfenen Symbolen und Ähnlichem umgeben. Man kann den Wunsch aber auch als Symbol darstellen. Hier können Sie Ihre Fantasie voll ausleben. Die Kerzen können auch richtiggehend geschnitzt werden. In Bastelläden findet man zusätzlich verschiedenfarbige Wachsplatten, aus denen man Symbole oder Buchstaben ausschneiden und dann ganz einfach auf die Kerze drücken kann. Zum Einritzen eignen sich kleine Messer, Nadeln, Brieföffner, dünne Holzstäbchen, Zirkel und vieles mehr. Ich verwende für Schreibarbeiten auf Kerzen gerne ausgediente Fineliner mit abgeschnittener Faserspitze oder leere Gelschreiber, weil sie gut in der Hand liegen und man durch die Metallspitze exakt damit arbeiten kann. In manchen magischen Büchern liest man die Empfehlung, ein Messer mit weißem Griff, das sogenannte Boline, dafür zu verwenden. Wer das schon einmal probiert hat, weiß bereits, dass dieser Tipp nicht in der Praxis an einer Kerze entstanden sein kann.

Wer sich besonders für das Schnitzen der Kerzen begeistert, sollte einmal nach Bastel- oder Linolschnittmessern Ausschau halten. Die intensive Beschäftigung mit der Kerze, während man sie bearbeitet, ist schließlich auch eine Form der Energie, die schon vorab in den Zauber mit einfließt und diesen positiv unterstützt.

Einölen

Das Salben von Kerzen mit Öl ist die ganz klassische Methode. Dazu nimmt man die Kerze und reibt sie von oben zur Mitte ein, dreht sie dann um und verfährt nun wieder von oben zur Mitte. Nach einem volkstümlichen, magischen Brauch (auch traditionelle Heiler/innen arbeiten in manchen Gegenden ähnlich) ist der Daumen ein besonderer Kraftfinger an der Hand, weshalb manche das Öl nur mit dem Daumen auf die Kerze auftragen. Das ist ein bisschen umständlicher, aber auf jeden Fall einen Versuch wert.

So viel zur Technik, doch welche Öle sollen es sein? Ich bin ein großer Fan naturreiner, ätherischer Öle und habe sie lange als das einzig Wahre bezeichnet. Aber man lernt bekanntlich nie aus im Leben. Und wie das immer so ist: Wenn jemand besonders geradlinig (sollte ich sagen engstirnig?) in seinen Ansichten ist, macht sich das Leben gern den Spaß, ihn auf neue Wege zu führen, um den eingegrenzten Horizont zu erweitern. Auf einmal entwickelte ich einen echten Spleen für Duftöle wie Kokos, Kirsche oder tropische Mischungen. Natürlich in einer ordentlichen, kosmetischen Qualität, aber ich war doch etwas verwundert über die völlig neuen Duftgelüste, die sich da zeigten. Noch verwunderter war ich allerdings, dass sie auch noch bestens wirkten. Ich begann, die Sache vielschichtiger zu betrachten. Dass die Gleichung »Natur ist immer gut« zu kurz gedacht ist, ist angesichts von Giftpflanzen und Co. jedem klar. Düfte sind Chemie, ob sie nun aus einer Pflanze oder aus dem Labor stammen (dessen Arbeitsstoffe auch aus der Natur stammen, denn uns umgibt nur wenig, das nicht von diesem Planeten ist). Wenn ein Duft also für einen selbst gut funktioniert, warum sollte man ihn dann nicht verwenden? Es wird Puristen geben, die bei den ätherischen Ölen bleiben, und dagegen ist nichts zu sagen. Wer mit synthetischen Duftölen gute Erfahrungen macht, braucht sich deshalb aber nicht zu verstecken: Magie ist eben genau so vielfältig, wie die Menschen, die sie anwenden.

Wenn Sie wie ich eine empfindliche Haut haben, verdünnen Sie die ätherischen Öle vor dem Auftragen auf die Kerze mit einem Basisöl, oder benutzen Sie Gummihandschuhe. So vermeiden Sie den direkten Hautkontakt mit diesen konzentrierten Substanzen. Zum Verdünnen eignen sich Sonnenblumenöl, Rapsöl, Jojobaöl oder Mandelöl. Ich nehme bis zu 10 Tropfen ätherisches Öl auf 1 Esslöffel Basisöl. Manche ätherischen Öle wie beispielsweise Citronella reizen die Haut sowieso zu stark, als dass man sie mit bloßen Händen auftragen sollte, ganz gleich wie schnell man sich danach die Hände wäscht. Das sollte man auf jeden Fall gleich nach dem Einölen tun, egal um welche Mixtur es sich handelt.

Im Folgenden nun die gebräuchlichsten Öle und ihre Wirkungen. Sie können natürlich auch kombinieren, aber es sollte schon noch gut riechen und nicht nur bestimmten Wirkungen entsprechen. Wenn Sie einen Duft nicht mögen, ist das nicht gut für Ihren Zauber. Ersetzen Sie ihn durch einen anderen. Düfte kann man nicht schönreden. Das kennt jeder, dem schon mal ein Parfum-Fehlkauf passiert ist, der letzten Endes im Regal verstaubt, obwohl man sich wirklich bemüht hatte, den Duft zu mögen.

Anis

Anis ist ein ›fröhliches‹ Öl. Die Pflanze ist astrologisch Jupiter zugeordnet, also auch für Geldzauber geeignet. Vom Aroma her benutzt man dieses Öl auch für Zauber, die zu innerem Frieden führen sollen. Anis gehört zudem zu den Pflanzen, die die übersinnliche Wahrnehmung fördern und kann beim Zaubern zur Stärkung der Intuition verwendet werden.

Basilikum

Sehr würzig! Wird ganz allgemein zur Reinigung und wenn es darum geht, Mut zu entwickeln, verwendet. Passenderweise ist Basilikum auch dem Mars zugeordnet, und nicht nur in südlichen Ländern wird er gerne für Liebesmagie eingesetzt.

Benzoe

Dieses etwas seltener zu findende schwer-süß-krautige Öl vernebelt einem im ersten Moment fast den Verstand. Es ist Venus und Merkur zugeordnet. Man benutzt es für betörende Liebeszauber genauso wie nach schiefgegangenen Beziehungen, um wieder auf die Beine zu kommen. Benzoe ist aufgrund der Schwere des Duftes auch für die Wohlstandsförderung einsetzbar. Es ist ein guter Allround-Duft, den man für fast alles einsetzen kann, falls einem gerade der passende Duft fehlt.

Bergamotte
Die Bergamotte ist ein echtes Seelenpflänzchen. Wann immer man aus einer traurigen Situation heraus will, benutzt man magisch die Bergamotte. Sie befreit und macht den Kopf klar. Ihre astrologische Zuordnung ist die Sonne. Sie wird oft für die Geldmagie empfohlen, allerdings möchte ich das ein wenig konkretisieren. Die Bergamotte ist keine Pflanze für Geldgewinne oder Ähnliches, sondern ein magischer Helfer für das Geld, das man durch seine Arbeit verdient, sowohl selbstständig als auch in einem Angestelltenverhältnis – oder beides, wenn man Multijobber ist. Sie ist eine ausgezeichnete Zutat für Jobzauber aller Art.

Citronella
… ist ebenfalls stark aufhellend in der Wirkung und der Sonne geweiht. Jedoch betont es mehr die Aktivierung von Dingen, im Gegensatz zur eher festigend wirkenden Bergamotte.

Absolut zu empfehlen, wenn Ihnen die Arbeit über den Kopf wächst. Einfach 3–5 Tropfen in die Duftlampe und schon geht alles leichter! Citronella wird wie alle zitrusartigen Düfte durch die Frische und Klarheit dieser Duftfamilie auch für Reinigungsrituale und leichte Bannungen benutzt. Im Grunde sind Reinigungsrituale in sich selbst schon eine Form der Bannung. Entweder vorbeugend, damit sich gar nicht erst etwas Negatives festsetzen kann oder nachdem man einen störenden Einfluss wahrgenommen hat und selbigen loswerden möchte. Zu den zitrusartigen Düften gehört im magischen Sinne übrigens auch das Lemongras, obwohl es genau wie Citronella keine Zitrusfrucht, sondern ein aromatisches Gras ist. Im magischen Kontext ist das Aroma das Entscheidende.

Eukalyptus

Er ist Mond und Merkur geweiht und wird für Heilungszauber verwendet. Auch wenn Sie eine Situation (be)reinigen wollen, ist Eukalyptus optimal. Gerade bei festgefahrenen Situationen oder wenn sich eine Sache schon längere Zeit ergebnislos hinzieht, ist er eine gute Wahl. Man könnte für solche Dinge auch an die Minze denken, aber sie ist dafür etwas zu kühl in der Wirkung. Eukalyptus hat mehr Volumen im Duft und ist – magisch gesprochen – etwas wärmer und geerdeter als die Minze. Dieser Duft wird auch gerne verwendet, um schlechte Angewohnheiten zu durchbrechen, wobei das ein Thema ist, bei dem man generell mit allen reinigenden Pflanzen arbeiten kann.

Fenchel

Ist dem Merkur zugeordnet. Man benutzt ihn für Liebeszauber, aber auch für positive Kommunikation, zum Schutz und um die Lebensgeister zu stärken.

Grapefruit
Die sonnige Grapefruit ist die Pflanze schlechthin für mehr Selbstbewusstsein, und das im besten Sinne. Ich finde den lateinischen Namen citrus paradisi absolut passend. Auch zur Stimmungsaufhellung geeignet. Wie alle Zitrusfrüchte kann man sie für sanfte Bannungen einsetzen (eine Stimmungsaufhellung ist nichts anderes als die Bannung trüber Gedanken), und sie macht ebenfalls eine gute Figur in Liebeszaubern, die einem Paar fröhlichere und leichtere Zeiten bringen sollen.

Ingwer
Ingwer ist dem Mond und dem Mars gewidmet, und entsprechend fällt auch seine Wirkung aus: Power pur auf emotionaler wie kämpferischer Seite. Ingwer ist für alles geeignet, wo ein Tick mehr Energie benötigt wird, er motiviert und stärkt. Daher ist er auch für die Liebesmagie eine gute Wahl. Er verleiht Ölmischungen mehr Energie, ist dabei aber nicht zu scharf in der Wirkung (wie es Pfeffer oder gar Chili wären). Anders gesagt: Ingwer macht den Dingen Feuer, aber er verbrennt nichts.

Jasmin
... gehört zu den teuren, aber auch sündhaft guten ätherischen Ölen. Was soll man dazu sagen: Bei manchen Dingen muss man neidlos anerkennen, dass sie ihren Preis einfach wert sind. Zusammen mit Rose und Akazienblüte ist es die Liebespflanze

schlechthin. Jasmin regt nicht nur die Liebe an sich, sondern auch Sinnlichkeit und Sexualität an. Falls das Öl für Sie nicht erschwinglich ist, fragen Sie im Kräuterladen nach Jasminblüten. Die können Sie anstelle des Öls genauso gut verwenden, zum Beispiel mit ein paar Tropfen Wachs an der Kerze befestigt. Sie können die Blüten auch in ein leichtes Trägeröl ohne Eigengeruch, wie Mandel- oder Jojobaöl, einlegen und damit Ihr eigenes Jasminöl herstellen. Sollten Sie keine gut ausgestattete Kräuterhandlung in der Nähe haben, müssen Sie erfinderisch sein und Jasmintee kaufen. Darin sind fast immer ein paar Jasminblüten enthalten, die man für seinen Zauber einfach herausnehmen kann. Jasminöl gehört für mich genau wie das echte Sandelholzöl zu den Ölen, bei denen man nicht auf synthetische Alternativen oder ähnliche Düfte zurückgreifen sollte, weil der echte Duft einfach unerreicht ist und alles andere daneben verblasst. Wenn Sie Tipps suchen, wie man möglichst lange etwas von diesen wahrlich luxuriösen Düften hat, schauen Sie zum Eintrag beim Sandelholz.

Kamille

Die Kamille ist eine Sonnenpflanze, jedoch mit einer guten Portion Mars dabei. Man benutzt sie in der Magie, um Sorgen und Ängste zu mildern. Das können sehr verschiedene Bereiche sein, wie Liebe, Beruf oder Freizeit. Die Kamille ist nicht auf ein Themengebiet festgelegt. Außerdem ist sie – wen wundert's – für alle Zauber, die mit Heilung zu tun haben, sehr geeignet. Wenn Mütter schützend und segnend für ihre Kinder arbeiten möchten, ist die Kamille eine gute Verbündete, am besten kombiniert mit Angelika und Johanniskraut. Diese magischen Drei empfehle ich oft, wenn es um die Belange der Kleinen geht, weil sie dafür eine unschlagbare Mischung sind.

Kardamom

... ist eine Venuspflanze und entsprechend für alle Liebesdinge geeignet. Ganz besonders jedoch, um jemand anderen in sich verliebt zu machen. Dazu kann man der betreffenden Person auch ein wenig zerstoßene Kardamomsamen unter Kaffee oder Wein mischen. In manchen afrikanischen Regionen kocht man den Kaffee gleich mit ein paar Kardamomsamen zusammen. Wo auch immer diese Pflanze Verbreitung fand, wurde sie dafür eingesetzt, die Erotik in einer bereits bestehenden Beziehung zu fördern. Für ein magisches Öl muss man übrigens nicht das ätherische Öl verwenden, sondern kann die kleinen Samen aus den Kapseln mit einem Basisöl ohne Eigengeruch in einem Mörser zerreiben und anschließend in ein kleines Fläschchen abfüllen. Nach etwa zwei Wochen an einem warmen Ort ist das Öl gut durchgezogen und kann verwendet werden. Die zerstoßenen Samen können darin verbleiben.

Kreuzkümmel

Auch unter dem Namen Cumin bekannt, ist er Mars und Jupiter geweiht. Man nutzt sein Öl, um Wohlstand, Glück und Segen in sein Haus zu holen. Auch wenn er nicht allzu oft in der magischen Literatur erwähnt wird, ist er doch eine sehr wirksame Pflanze. Er wirkt umfassend auf allen Ebenen, die an einem finanziellen Engpass beteiligt sind, es ist also keine Pflanze, die nur einen bestimmten Teilbereich abdeckt.

Lavendel

Das feine Aroma des Lavendels dürfte dafür umso bekannter sein. Er ist der Venus und dem Merkur zugeordnet und eine traditionsreiche Pflanze in der Liebesmagie. Doch nicht nur das. Lavendel ist außerordentlich vielseitig, so kann man ihn auch für Schutzzauber, Gesundheitszauber und Reinigungsrituale verwenden. Sein Name stammt vom lateinischen »lavare«, also waschen. Außerdem wirkt dieses Öl in der Duftlampe wunderbar entspannend.

Lemongras

Hier haben wir wieder einen Zitrusvertreter. Der Sonne geweiht, ist dieses Öl die erste Wahl gegen Apathie und Stillstand. Es bringt neues Leben in festgefahrene Angelegenheiten, aktiviert und kräftigt. Eigentlich sollte in jedem Haushalt ein Fläschchen davon stehen! Ein Muss für die Konzentrationsförderung an langen, arbeitsamen Abenden.

Wie bereits bei der Citronella erwähnt, ist Lemongras auch ein großartiger Duft für Reinigungen und um Klarheit zu gewinnen.

Majoran

Eine Venuspflanze – nicht nur für die »klassische« Liebe, sondern auch für Nächstenliebe, Verständnis, familiäre Themen und positive Kommunikation geeignet. Da man Majoran eine anaphrodisierende Wirkung nachsagt, ist er jedoch nicht für Zauber in Richtung Sexualität oder zur Verbesserung der Kommunikation in diesem Bereich geeignet.

Mandarine

Dieses süße Sonnenpflänzchen unterstützt uns, wenn wir verletzt wurden. Man nutzt das Öl, um seelische Wunden leichter heilen zu lassen, bei negativen Erfahrungen in Kindheit und Jugend, die sich in einem festgefressen haben, oder wenn man Liebeskummer hat. Auch berufliche Tiefschläge, enttäuschende Erfahrungen mit Mitmenschen, die man falsch eingeschätzt hat und ähnlich frustrierende Erfahrungen hilft es abzuschütteln. Die Mandarine (passenderweise am besten auf gelben oder orangefarbenen Kerzen) unterstützt dabei, diese Erlebnisse ohne Restgroll loszulassen, damit der Blick frei wird für das, was uns positiv voranbringt. Wie oft schaut man bitter zurück, anstatt die Vergangenheit ruhen zu lassen und spannende Pläne für die Zukunft zu schmieden! Wenn man sich dabei ertappt, auf diese Weise kostbare Lebenszeit zu vergeuden, ist die Mandarine die richtige Helferin.

Melisse

Ist eine Jupiterpflanze und entsprechend geeignet für Geldmagie. Sie vertreibt Angst und Sorgen und schützt uns vor negativen Einflüssen. Auch bei Stress und Nervosität ist Melisse eine gute Wahl. Wenn Sie einen Garten haben, sollten Sie auf jeden Fall einen Strauch davon anpflanzen. Die Blätter in Doppelkorn einlegen, 2 Wochen sonnig stehen lassen und fertig ist Ihr eigener Melissengeist! Durch die Kombination der finanziellen Hilfe und des Auflösens von Sorgen ist die Melisse eine gute Wahl, wenn man sich finanziell verkalkuliert hat und endlich wieder auf den grünen Zweig kommen will. Natürlich wird es nicht ohne eine gründliche Analyse der Situation und eine Veränderung im eigenen Handeln gehen, doch ein bisschen Unterstützung von oben hat auch dabei noch nie geschadet.

Nelke

Mit Nelken meine ich Gewürznelken. Sie gehören zu den Jupiterpflanzen, jedoch mit einem großen ›Schuss‹ Sonne darin, deshalb also außerordentlich glücksbringend. Nelkenöl (beziehungsweise Nelkenpulver) ist für Glück, Reichtum, Familienangelegenheiten (übrigens auch gegen Tratsch), Mut, Stärke und auch, um der Liebe neue Impulse zu geben, hilfreich. Ihr würziger Duft ist nicht jedermanns Sache. Wenn Ihnen das ätherisches Öl zu intensiv ist, lassen Sie lieber ein paar Gewürznelken in einem Basisöl ziehen (etwa 2 Wochen, danach abseihen, die Dosierung erfolgt ganz nach dem persönlichen Geschmack), und verwenden Sie dieses sanftere Auszugsöl anstelle des ätherischen Öls.

Neroli

Das Öl der Orangenblüte ist ausgesprochen kostbar, was sich auch in seinem Preis niederschlägt. Aber wenn man sich diese zarten Blüten anschaut, versteht man auch, wie viel Aufwand und Ausgangsblüten es braucht, um an nur 1 ml des Öls zu kommen. Neroli hat sich als Öl gegen Ängste und Panik einen Namen gemacht. Der Sonne gewidmet, zieht es positive Energien an, ordnet unsere Gedanken, gibt Klarheit, Kraft und gute Laune. Wenn Sie es sich nicht leisten können (das kann schließlich nicht jeder), ersetzen Sie dieses Öl in Ritualen einfach mit Orangenöl oder schauen Sie einmal, ob Sie im Naturkosmetikbedarf oder einer Apotheke an Neroliwasser (auch als Orangenblütenwasser bekannt) herankommen, das ist deutlich günstiger und duftet ebenfalls wunderbar. Sie können eine Kerze damit abreiben und das Blütenwasser anschließend trocknen lassen, bevor Sie sie entzünden.

Orange

Und da haben wir sie auch schon. Die Orange ist ebenfalls eine Sonnenpflanze. Das Öl hellt unsere Stimmung auf, gibt Vitalität und Zuversicht. Ein Muss in jedem Haushalt! Für Liebeszauber und durch seine erfrischende, aufmunternde Wirkung auch für erotische Zauber sehr geeignet. Ich kann Ihnen für letzteren Zweck auch Baby- oder Mandelöl, das mit etwas Orangenöl versetzt wird, zur Massage empfehlen (etwa 1 ml auf 100 ml Babyöl).

Orangenöl ist ein sehr gutes magisches Allzwecköl, dass Sie für (fast) alle Bereiche anwenden können: von der Liebe, über Geld, Familienangelegenheiten, den Schutz von Kindern, Haustieren oder lieben Menschen, bis zu Freundschaften, Harmonie und die persönliche Entwicklung. Lediglich bei stärkeren Bannungen und ernsteren Themen, zu denen die üppige Fröhlichkeit des Orangendufts nicht passend ist, sollte man es außen vor lassen.

Patchouli

Viele Leute mögen es nicht so gern, manche (wie ich) nehmen diesen Duft kaum wahr und wieder andere könnten sich reinsetzen! Fest steht nur eines: Dieses saturngeweihte Öl ist eine gute Wahl, wenn es um Verführung, erotische Attraktivität und sexuelle Leidenschaft geht. Der schwere, süßlich-krautige Duft verfehlt seine Wirkung nur selten, zumindest, wenn man ihn in der Magie verwendet, man muss ihn ja nicht als Parfum benutzen. Wenn Sie ihn so gar nicht mögen, können Sie ihn auch gut verdünnt mit einem Basisöl verwenden oder Sie lassen es einfach. Patchouli wird außerdem eingesetzt, wenn man etwas anziehen möchte, ganz gleich was es sei. In der Geldmagie ist es daher ebenfalls nicht zu verachten!

Petitgrain
Es riecht ein bisschen nach Bohnenkraut, doch hierbei handelt es sich um das Öl unreif gepresster Zitrusfrüchte. Es ist also wieder ein Sonnenöl und hilft bei Furcht, Stress und seelischen Wunden. Allen, die noch grübeln, wie sie sich den Patchouliduft schmackhaft machen können, weil sie ihn eigentlich nicht so gerne mögen, sei Folgendes gesagt: Ich kann das hier beschriebene Petitgrain nicht ausstehen und würde es deshalb nie verwenden. Wenn Sie etwas wirklich nicht mögen, suchen Sie sich lieber einen Ersatz! Wie eingangs erwähnt, kann man mit der Nase nicht diskutieren, man mag einen Duft oder man mag ihn nicht. Eine Ritualzutat, die man nur verwendet »weil es so im Rezept stand«, während man sich innerlich gegen sie sträubt, wird nicht den gewünschten Effekt erzielen. Suchen Sie eine passende Alternative und verwenden Sie sie ohne Bedenken.

Pfefferminze
... ist durch Merkur und Venus geprägt, eine Pflanze, die so richtig aufräumt in unseren Gedanken.

Sie beseitigt negative Energien und sorgt für Klarheit – ganz besonders bei Liebeszaubern, die eine komplizierte Situation bereinigen sollen, wenn beide Seiten dringend wieder einen kühlen Kopf benötigen. Sie hilft aber auch, wenn die Kommunikation in einer Beziehung eingeschlafen ist beziehungsweise in unschönen Bahnen verläuft. Doch Vorsicht: Wenn Sie nicht vorhaben, dass zu diesem Zeitpunkt wirklich etwas ins Rollen kommt (also eventuell auch negative Dinge hochkommen, was an sich ja auch sehr reinigend ist), dann wählen Sie lieber erst einmal ein anderes, sanfteres Öl wie Geranium, Palmarosa oder Lavendel.

Rose

Die Königin der Liebeszauber ist natürlich dem Planeten Venus zugeordnet. Die Rose ist hilfreich für alle Bereiche der Liebe und wenn ihr Öl nicht so sündhaft teuer wäre, müsste man sich täglich mit einem Tröpfchen davon parfümieren. Andererseits: Wohin dann mit den ganzen Liebhabern? Sie sehen schon: Rosenöl ist für die ganz besonderen Dinge im Leben gedacht. Bei kleineren Ritualen lässt es sich auch sehr gut durch Geranium oder Palmarosa ersetzen. Auch diese Düfte kommen – wie das Rosenöl selbst – am besten gut verdünnt zur Geltung. Schnuppert man an einem Fläschchen des puren Öls, ist der Duft nicht unbedingt angenehm, weil er viel zu konzentriert ist. Ich weiß noch gut, wie ich mein erstes, winziges Fläschchen Rosenöl gekauft und es voller Vorfreude wie einen heiligen Gral nach Hause getragen habe – nur um dort aus allen Wolken zu fallen. Die Verkäuferin hatte mich vorgewarnt, aber derart erschlagend habe ich es mir dann doch nicht vorgestellt. In einem Gramm Rosenöl steckt die Duftessenz von drei bis fünf Kilo Rosen, gebannt in ein paar Tropfen. Die feinen Nuancen und das volle Aroma entfalten sich für die Nase erst dann richtig, wenn man den Duft in einem Basisöl oder (wenn man eine alkoholische Lösung bevorzugt) in 96%igem Weingeist löst.

Hier noch ein Wort zu den Basisölen, ich hatte ja schon bei anderen, eher leichten Düften angeschnitten, dass man für sie am besten ein ganz dezentes Öl verwendet. Generell kann man für würzige Mischungen, wie zum Beispiel für ein Geldöl mit Lorbeer, Piment, Zimt, Patchouli oder Nelken auch ein würziges Öl wie Olivenöl verwenden. Für alle leichten, blumigen und zitrusartigen Düfte sollte man dagegen ein Basisöl wählen, das sich nicht in den Vordergrund drängt, damit die Düfte optimal wirken können.

Rosmarin

Rosmarin ist eine Sonnenpflanze. Er schützt vor negativen Personen und Energien, sorgt für geistige Klarheit und fördert die Spiritualität. In der Liebesmagie ist er sehr geschätzt, weil er nur das zusammenbindet, was auch wirklich zusammengehört. Ähnlich wie die bereits erwähnten Allrounder Benzoe und Orangenöl ist auch Rosmarin für viele, verschiedene Zwecke geeignet, wobei er – im Gegensatz zum Orangenöl – auch für bannende und ernstere Themen verwendet werden kann.

Salbei

Salbei ist eine Jupiterpflanze. Geeignet für Schutz, Geldmagie, um negative Energien abzustreifen und positive aufzunehmen. Salbei ist durch seine vielseitigen Verwendungsmöglichkeiten eine sehr geschätzte Pflanze, besonders wenn es um vielschichtige Zauber geht, mit denen man an mehreren Stellen etwas bewegen möchte. Damit reiht er sich nahtlos in die gerade erwähnten Allrounder ein.

Sandelholz

Ebenfalls dem Jupiter zugeordnet, ist Sandelholzöl besonders für die Spiritualität und deren Entwicklung zu empfehlen. Aber auch in der Geldmagie ist es ein erfolgversprechendes Öl, hier kommt der eher finanzielle Jupiteraspekt zum Tragen. Und nicht zuletzt ist es durch seinen entspannenden und aphrodisischen Duft für die Liebesmagie geeignet. Irgendwie steigen in mir bei diesem Duft unweigerlich die idealisierten, romantischen Bilder des Orients aus dem 18. und 19. Jahrhundert auf.

Man muss allerdings aufpassen, denn im Handel sind zwei verschiedene Öle oftmals unter demselben Namen als Sandelholzöl erhältlich. Das günstigere Amyrisöl (Amyris balsamifera) mag vom Preis her verlocken, aber es ist kein echtes Sandelholz (Santalum album, im Handel auch unter der Bezeichnung Mysore geführt) und duftet nicht einmal annähernd so gut wie das richtige Öl. Auch wenn ich gerne Tipps gebe, wie man Magie ohne teure Unnötigkeiten gestalten kann, beim Sandelholzöl wäre das am falschen Ende gespart. Zumal man es bei guten Händlern schon in Abfüllgrößen ab 1 ml bekommt, die recht erschwinglich sind. Da es zu den Ölen, die aus Hölzern gewonnen werden, gehört, ist es lange haltbar und reift sogar noch mit der Zeit. Wer sparsam damit umgehen möchte, löst es am besten in Jojobaöl (das sich ebenfalls lange hält, weil es streng genommen kein Öl, sondern ein flüssiges Wachs ist) und hat so lange Zeit Freude daran. Wie schon bei der Rose erwähnt, kann man ätherische Öle natürlich auch sehr gut in 96%igem Weingeist lösen.

Teebaum

Dieses heilkräftige Öl wird oft nur für äußere Zwecke eingesetzt, es hat jedoch auch magischen Nutzen. Teebaumöl gehört astrologisch zu Mond und Merkur. Magisch verwendet man es zur Reinigung von schlechten Schwingungen, um einen klaren Kopf zu bekommen oder um eine Schieflage in kommunikativen Dingen wieder geradezubiegen.

Vanille

Natürlich ist Vanille der Venus zugeordnet und ihr Öl das ›Sweet-Love-Oil‹ schlechthin. Wenn Sie für süße, romantische, liebevolle Dinge zaubern wollen, sollten Sie es mit Vanille versuchen. Das gilt natürlich auch für die Schoten, die man in jedem guten Markt bekommt. Falls Sie das Öl nicht finden sollten, können Sie einfach das Mark aus der Schote kratzen, mit ein paar Tropfen Sonnenblumen- oder Mandelöl vermischen und die Kerze damit einreiben. Oder Sie setzen eine aufgeschnittene Schote direkt in Öl an – nach ungefähr 2 Wochen haben Sie ein wunderbares, selbst gemachtes Liebesöl, das Sie auch als Massageöl oder als subtiles Parfum verwenden können.

Wacholder
Diese Pflanze ist eines der wenigen Dinge, die ich aus tristen Lateinstunden behalten habe, oder besser: ihre Wirkung. Denn schon die alten Römer verbrannten Wacholder, um mit seinem Rauch böse Geister und giftige Tiere zu vertreiben. Heute benutzen wir ihn ebenfalls, um von negativen Einflüssen zu reinigen, für Schutz- und Gesundheitszauber und um unsere Aura zu schützen. Er ist der Sonne geweiht und eine Lieblingspflanze der Göttin in ihren Erscheinungsformen als weise Alte, so zum Beispiel Cerridwen, Hekate, Sheila Na Gig, Anna, Holle, die drei Nornen (Schicksalsgöttinnen) und viele andere. Nicht ohne Grund nennt man die große, weibliche Energie hinter all diesen Namen im Hexenglauben auch die »Göttin der 10 000 Namen«.

Weihrauch

Dass es Weihrauch auch als ätherisches Öl gibt, ist manchen gar nicht bekannt. Er ist der Sonne gewidmet und sorgt bei Ritualen und Meditationen für eine feierliche Stimmung. Magisch benutzt man ihn, um gefestigte und geordnete Gefühle zu bekommen. Mit etwas Weihrauch kann man auch dem kleinsten Zauber eine besondere Note verleihen. In manchen Traditionen wird Weihrauch als männliche Pflanze und Myrrhe als weibliche Ergänzung des Weihrauchs betrachtet, sodass man diese beiden Öle auch mischen kann, um die spirituelle Atmosphäre zu steigern.

Ylang-Ylang

… ist ein sehr feminines Öl. Der Venus heilig wird es für Liebeszauber, die Förderung der weiblichen Sexualität, sinnliche Gefühle, aber auch das Loslassen von negativen Gefühlen benutzt. Ähnlich wie Rosenöl, ist auch Ylang-Ylang ein stark konzentrierter Duft und kann ebenfalls mit einem Trägeröl verdünnt werden, um seinen Duft facettenreicher und angenehmer zu machen. Es ist das ideale Öl, wenn ganz unbemerkt die Erotik und die Lust auf Sex irgendwohin verschwunden sind und man sich fragt, warum eigentlich. Aber auch für Frauen, die noch nicht alle negativen, anerzogenen Probleme mit ihrer Sexualität hinter sich lassen konnten, ist dieses Öl eine gute Unterstützung auf dem Weg in freie, ungezwungene Leidenschaft.

Zeder
Nicht nur die Motten im Kleiderschrank, sondern negative Einflüsse jedweder Art werden von diesem Sonnenöl vertrieben. Wenn Sie sich vor etwas fürchten, besonders wenn diese Angst irreal ist (ansonsten wäre sie ja berechtigt und sollte nicht unterdrückt werden), kann dieses Öl Ihnen weiterhelfen. Zedernöl zieht auch zerfaserte Gedanken wieder zusammen, sodass man sich auf das Wesentliche besser konzentrieren kann.

Zimt
... ist ebenfalls ein Sonnenöl und die erste Wahl bei Geldzaubern. Ich empfehle aber, nicht erst mit der Anwendung zu beginnen, wenn der Dispo bereits ausgereizt ist. Geldmagie kann und sollte von Zeit zu Zeit auch prophylaktisch betrieben werden.

Des Weiteren löst Zimt Kommunikationsblockaden und kann in dieser Hinsicht besonders gut für Liebeszauber eingesetzt werden. Aber erwarten Sie keine Wunder, meine Damen! Männer haben zum Reden leider meist eine ganz andere Einstellung als wir, so bedauerlich das ist. Und das wird sich auch nicht einfach so ändern lassen. Zimt verwenden wir klugerweise also nur für einzelne Sachen, die wir gerne mal diskutieren würden. Für einen ordentlichen Kaffeeklatsch mit ihm müssten wir uns vermutlich die Finger wund zaubern. Dafür hat man Freundinnen!

Es ist generell eine wichtige Grundregel in der Magie, dass man zwar die Kommunikation, die Umstände und das »Wie« des Miteinanders beeinflussen kann, aber nicht den angeborenen Charakter einer Person. Magie wird einen von der Anlage her eher ruhigen Menschen nicht in eine Stimmungskanone oder eine extrovertierte Person in ein graues Mäuschen verwandeln, einfach, weil es ihrem angeborenen Naturell nicht entspricht. Mutter Natur hat sich schon etwas dabei gedacht, die einen mit ruhigeren und die anderen mit lebhafteren Eigenschaften auszustatten.

Zitrone

Wie alle Zitrusfrüchte ist auch die Zitrone ein ›Sonnenkind‹ und sorgt für Aufmunterung, neue Frische und Reinigung. Sie vertreibt Sorgen, Apathie und Ängstlichkeit. Somit gehört dieses Öl, oder zumindest ein Zitrusöl an sich, in jede Hexenhausapotheke! Durch die Säure der Frucht (die im magischen Kontext auch teilweise auf das Öl überspringt) eignet sich die Zitrone auch, um reinen Tisch zu machen und Angelegenheiten ein für alle Mal beizulegen. Man spritzt sozusagen mit Säure, um jemanden loszuwerden. Aber die Zitrone ist nicht angreifend-aggressiv, wie es scharfe und beißende Pflanzen, beispielsweise Chili oder Pfeffer, sind. Sie ist einfach nur sauer. Und genau damit nimmt sie dem Gegenüber jede Lust daran, einem weiter auf die Nerven zu fallen. Sie wirkt magisch, bei der entsprechenden

Zielsetzung, wie der Biss in eine Zitrone – da verfliegt die Lust, anderen die Energie wegzuknabbern, ganz schnell. Sie ist also auch eine erstklassige Helferin gegen Energievampire, Menschen die einen ausnutzen wollen, (Ex)Freunde, die nicht loslassen können oder solche, die die Grenzen ihrer Mitmenschen grundsätzlich erst einmal überschreiten, um auszutesten, wie weit sie gehen können.

Anna Riva Öle – gekauft, aufgepeppt und selbst gemacht

Als dieses Buch zum ersten Mal erschien, gab es um die Erwähnung der Anna Riva Öle den einen oder anderen Wirbel. Einige Praktizierende lehnen sie völlig ab, während andere sie gerne mit einbeziehen und manche auch ausschließlich mit ihnen arbeiten und sehr zufrieden damit sind. Es ist, wie so oft im Leben, eine Frage der persönlichen Ansichten.

Am besten beginnen wir ganz am Anfang der Geschichte, die in den USA ihren Lauf nahm. Um genau zu sein, stammt sie aus einer Mischung spiritueller Traditionen, die indianische, afrikanische, protestantische, asiatische, osteuropäische, indische und einige weitere Einflüsse in sich aufgenommen hat. Die kreative Mischung verschiedener spiritueller Wege und Systeme ist bei einem Einwanderungsland nicht weiter verwunderlich. Es gibt je nach Region verschiedene Begriffe dafür, wie Rootwork,

Hoodoo, Gullah, Conjure oder einfach Work, als Bezeichnung dafür, dass man eine Sache magisch bearbeitet. In der Gegend rund um New Orleans wird diese Form der Magie auch als Voodoo bezeichnet, streng genommen ist damit aber die volksmagische Tradition gemeint, um die es auch bei den Anna Riva Ölen geht, nicht der Voodoo als Religion. Das muss man genau unterscheiden, weil es verschiedene Dinge sind, was vielen nicht bewusst ist.

In den USA hatten und haben viele Praktiker ein grundlegend anderes Verhältnis zu fertig gekauften Mischungen, als das bei uns der Fall ist. Schon um 1880 herum entstanden dort die ersten Läden und Versandhäuser für magischen Bedarf, die auch fertige Mischungen von Ölen, Pudern, Badezusätzen und manchem mehr für jede Lebenslage anboten. Das ist eine völlig andere Ausgangssituation. Bei uns gibt es eine Art unausgesprochenen Ehrenkodex, nach dem eine Hexe oder generell jede Person, die Magie praktiziert, ihre Mischungen am besten selbst macht. Das kann man aber auch anders sehen, wobei (wir kommen dazu noch bei den selbst gemachten Anna Riva Ölen) auch in den USA nicht alle Praktiker diesem Weg gefolgt sind oder ihn unkritisch betrachten. Während diese magischen Öle bei uns das Synonym Anna Riva Öle tragen, sind sie in den USA unter vielen weiteren Namen bekannt, je nach dem Namen der Company, die sie vertreibt. Anna Riva war das Pseudonym von Dorothy Spencer, die ebenfalls Betreiberin einer solchen Firma für magischen Bedarf war und ihr Geschäft kräftig mit zahlreichen, kleinen Büchern über die Verwendung dieser Produkte angekurbelt hat. Ihre Firma *International Imports* ging in die größte der heutigen Vertriebsfirmen für diese Öle und Produkte über und das ist *Indio Products* beziehungsweise seit einer Weile unter neuem Namen: *Wisdom Products*.

Auch in den USA ist die Debatte um die (teilweise oder komplett) verwendeten synthetischen Inhaltsstoffe dieser Öle lebhaft, da sich die Firmen über die Inhaltsstoffe der Mischungen im Regelfall bedeckt halten. Es gibt auch dort Praktiker, die fertige Öle völlig ablehnen, andere, die sie mit eigenen Zugaben aufpeppen und Leute, die ihre Öle grundsätzlich selbst herstellen. Das muss jeder für sich entscheiden, und man entscheidet es am besten anhand von Ergebnissen und nicht anhand von Vorurteilen.

Manche Hexen und andere magische Praktiker haben Angst vor fremden Schwingungen, die fertig gemischte Produkte in ihre magische Arbeit bringen würden. Das ist immer relativ. Nehmen wir als Beispiel eine Flasche naturreines Orangenöl. Wer die Orangen nicht selbst zieht (unwahrscheinlich bei unserem Klima) und anschließend selbst das ätherische Öl presst, wird immer Fremdschwingungen dabei haben, das lässt sich gar nicht vermeiden. Was aber noch wichtiger ist: Das ist auch kein Beinbruch. Niemand lebt unter einer Käseglocke, wir alle beeinflussen uns gegenseitig. Das ist übrigens ein interessanter, psychologischer Nebeneffekt von fertigen Ölen, den man nicht unerwähnt lassen sollte: Manchmal, wenn man schon alles probiert hat und einen das Gefühl beschleicht, es hätte sich ein blinder Fleck in die eigene Arbeit eingeschlichen, können fertige Öle einen positiven Einfluss von außen darstellen. Man muss nicht alles als spiritueller Einzelkämpfer bewältigen, man kann sich (wenn man den Produkten vertraut, das ist natürlich die Voraussetzung) auch Unterstützung von außen holen, warum denn nicht? Es geht dabei nicht um pauschale Zuweisungen von richtig oder falsch, sondern darum, was zu einem gegebenen Zeitpunkt für einen selbst passend ist.

Da es über 600 verschiedene Öle gibt, ist mir eine vollständige Aufzählung unmöglich. Wer im Englischen halbwegs fit ist, dem lege ich das Buch »Golden Secrets of Mystic Oils« von Anna Riva ans Herz. Darin werden über 550 der Öle in leicht verständlichem Englisch beschrieben. Ich möchte Ihnen hier aber zumindest ein paar der beliebtesten Öle vorstellen.

Noch etwas zur Verwendung: Anna Riva Öle können Sie natürlich nicht nur auf Kerzen streichen, sondern auch als Parfüm oder mit süßer Sahne beziehungsweise unter ein Päckchen Natron gemischt als Badezusatz verwenden. Betupfen Sie (Ritual-)Gegenstände damit, sprenkeln Sie etwas davon in Ihre Schuhe, damit Sie Ihren Wunsch bei jedem Schritt anziehen. Sie können sie auch zusammen mit destilliertem Wasser in einem Blumensprüher als Raumspray verwenden oder tropfenweise dem Putzwasser zusetzen, um die gesamte Umgebung damit zu imprägnieren. Der Kreativität sind hier kaum Grenzen gesetzt, man sollte sie nur sparsam und niemals innerlich verwenden!

Mein Geheimtipp: Kaufen Sie sich ein Stück neutrale Seife (im Bioladen oder Reformhaus) und raspeln Sie diese in kleine Schnipsel. Nun träufeln Sie etwas vom ausgewählten Öl darüber und mischen das Ganze gut durch. Drücken Sie die so parfümierten Seifenspäne mit nassen Händen wieder zu einer Seife zusammen und benutzen Sie diese jeden Tag um Ihr Ziel zu erreichen.

Für alle, die diese Öle magisch noch ein bisschen aufpeppen wollen, habe ich die passenden Zutaten dazu notiert. Erfahrene Praktiker werden bei manchen Zuordnungen stutzen, weil sie für den europäischen Magiestil ungewöhnlich sind. Wie bei den Farben (siehe: Bedeutungen der Kerzenfarben) ist das magische System in Bezug auf die Pflanzen in diesem Fall etwas anders. So wird zum Beispiel die Kamille (bei uns ein Sonnen- und Heilkraut) im Rootwork-System aufgrund ihrer goldgelben Farbe auch dem Thema Geldmagie zugeordnet. Damit es in sich stimmig bleibt, habe ich das amerikanische System der Korrespondenzen verwendet. Das umfasst auch die Verwendung von Glitterpartikeln, wie man sie im Bastelbedarf bekommt, und anderen Zutaten in den Ölen, die Sie mit einbeziehen können. Wenn mehrere Zutaten bzw. Farbvorschläge für den Glitter genannt sind, können Sie alle verwenden, aber auch einzelne herausgreifen, die Ihnen besonders gut gefallen. Im Anschluss an die Ölempfehlungen kommen wir zu Rezepten, mit denen Sie eigene Öle im echten »Southern Style« herstellen können.

Altar

… ist ein Öl um Gegenstände und Plätze zu weihen. Es wird gerne verwendet, um damit Ritualgegenstände oder -bekleidung zu betupfen. Ideal für weiße und violette Kerzen.

Aufpeppen mit: goldenem und silbernen Glitter, Eisenkraut (Verbena officinalis, keinesfalls Zitronenverbene), kleinen Stückchen Weihrauch- und Myrrheharz

Angel – Engel

… ist ein wunderbares Öl, um positive Schwingungen ins Heim zu holen (zum Beispiel dem Putzwasser beigegeben). Es zieht Freundschaften und Harmonie an und beschützt einen den ganzen Tag, wenn man es als Parfüm benutzt. Ideal für weiße und alle hellen Kerzen.

Aufpeppen mit: goldenem und silbernen Glitter, Angelikawurzel

Black Cat – Schwarze Katze

Es riecht auch wie ›Black Cat‹ ..., doch da es eines der glückbringendsten Öle ist und man diese Öle ohnehin nur sparsam anwendet (sie sollen über die unbewusste Ebene wirken), kann ich es nur empfehlen. Black Cat zieht Glück an – egal, für welches Thema wir es benutzen – und meistens holt es gleich eine ganze Menge davon! Es ist natürlich ideal für schwarze Kerzen. Sie brennen das Negative weg, sodass Platz für Positives entsteht.

Aufpeppen mit: schwarzem oder weinrotem Glitter, Katzenminze

Easy Times – Leichte Zeiten

... verbessert die persönlichen und finanziellen Umstände, ist sehr glückbringend und fruchtig im Duft. Ideal für grüne, blaue, rosa- und orangefarbene Kerzen.

Aufpeppen mit: orangefarbenem Glitter, Bergamotte, Tonkabohne

French Creole

Ein sehr interessantes Öl für uns Frauen. Es riecht nicht nur betörend (sparsam anwenden), sondern hilft einem auch, seine Träume zu verwirklichen.

Gleichzeitig zieht es sowohl potenzielle Partner als auch Glück an. Was will man mehr? Ideal für grüne und rosafarbene Kerzen – je nach Wunsch sind für alle Öle natürlich auch andere Farben gut denkbar. Lernen Sie, dazu bewusst Ihre erste Idee für die Kerzenfarbe wahrzunehmen – diese ist meist die Beste!

Aufpeppen mit: kräftig pinkfarbenem Glitter, Damiana, Rosenblüten, kleine Stückchen Zimtrinde

High John (eine Pflanze)

Gut für mentale Fähigkeiten, vor Prüfungen und schwierigen Gesprächen, wenn man in einer Situation viel leisten muss und zur Überwindung von Hindernissen. Ideal für blaue und weiße Kerzen.

Aufpeppen mit: blauem und violettem Glitter, High John Wurzel (manchmal bekommt man sie im esoterischen Fachhandel, es ist die getrocknete Wurzel einer Windenart), etwas Vetiver- oder Patchouliöl

Horn of Plenty – Füllhorn

... wird benutzt, um Wohlstand und positive Fülle im Leben anzuziehen, damit es einem mal wieder so richtig gut geht. Ideal für grüne und orange Kerzen.

Aufpeppen mit: grünem und orangefarbenem Glitter, Basilikum, Thymian, Zimt

Love Drawing – Liebe anziehen

... zieht einen Partner an, ist für Liebesmagie und für alle, die sich nach einer Beziehung sehnen. Ein sehr dezenter, frischer Duft, daher auch für Männer gut als Parfüm verwendbar. Ideal für rosa, rote, hellgrüne und pinkfarbene Kerzen.

Aufpeppen mit: pinkfarbenem und rosafarbenem Glitter, Rosenblüten, Veilchenblätter oder etwas Iriswurzel

Love Drops – Liebestropfen
… werden in einer schon bestehenden Beziehung benutzt, um den Geliebten näher an sich zu binden und neue, romantische Gefühle zu wecken. Ideal für rosa und rote Kerzen.

Aufpeppen mit: pinkfarbenem und rosafarbenem Glitter, eine Prise Zucker oder ein paar Tropfen Honig, Myrte, Vanille, Tonkabohne

Money Drawing – Geld anziehen
Der Klassiker in Sachen Geldmagie wird gerne auf Kerzen, auf die Geldbörse oder das Geld an sich getupft, aber auch als Parfüm verwendet. Ideal für grüne Kerzen.

Aufpeppen mit: grünem und goldenem Glitter, Kamillenblüten, kleinen Pyritstückchen (Katzengold), Piment, Zimtrinde, Ringelblume

Success – Erfolg
Ein Öl für Erfolg in allen Belangen, ob geschäftlich, privat, in der Liebe oder sonst wo. Nicht ohne Grund mit das beliebteste dieser Öle. Wann immer man den Kopf hängen lassen möchte, weil so gar nichts vorangeht, sollte man zu diesem Öl greifen, um die Dinge wieder positiv ins Rollen zu bringen. Ideal für blaue, dunkelrote und grüne Kerzen.

Aufpeppen mit: orangefarbenem und grünem Glitter, High John Wurzel, Basilikum, Pyritstückchen

Protection – Schutz

Der Name ist Programm. Egal, ob es um negative Menschen, schwierige Situationen oder Probleme mit der übersinnlichen Welt geht, dieses Öl hilft zuverlässig weiter. Ideal für schwarze, graue oder weiße Kerzen.

Aufpeppen mit: silbernem Glitter, Citronella, Drachenblutharz, Minze, Weinraute, einer Prise Meersalz

Reversible – Umkehren

Hilft, um aus negativen, verfahrenen Situationen zu kommen, um chaotische Umstände wieder zu ordnen und Negatives in Positives zu verwandeln. Ideal für die reversiblen Kerzen, ansonsten für schwarze und weiße Kerzen.

Aufpeppen mit: schwarzem und rotem Glitter, schwarze Pfefferkörner und Drachenblutharz, Salbei

Venus

… wird benutzt, um anziehend und verführerisch zu wirken. Ein sehr dezenter und angenehm warmer Duft. Hilft nicht nur, um in Sachen Liebe voranzukommen, sondern auch, um von anderen positiv wahrgenommen zu werden. Ideal für blaue, rosa-, pinkfarbene, hellgrüne und rote Kerzen.

Aufpeppen mit: pinkfarbenem Glitter, Benzoe, Vanille, Rosenblüten

Wolfs Eye – Wolfsauge
Ein sehr starkes Schutzöl, wenn man es mit wirklich üblen Sachen zu tun hat. Bestens geeignet für die Türschwelle, um die Wohnung zu schützen oder als Parfüm, um die Aura zu versiegeln. Ideal für schwarze, weiße und dunkelrote Kerzen.

Aufpeppen mit: schwarzem und bernsteinfarbenem Glitter, Eichenblätter oder -rinde, Patchouli

Rezepte für Rootwork Öle

Natürlich wird gerne behauptet, dass Anna Riva Öle (und alle ähnlichen Fertigöle) streng gehüteten Rezepten entspringen, die außer ein paar Auserwählten kein Mensch kennt. Das ist zwar ausgesprochen umsatzfördernd, aber aus verschiedenen Gründen nicht ganz zutreffend. Zuerst einmal stammen diese Rezepte aus einem volksmagischen System. Volksmagie ist – wie der Name schon sagt – eine Magie des Volks (also vieler Menschen), nicht einzelner Leute, die eifersüchtig ihre Rezepte hüten. Zudem gab und gibt es nicht »die« Rezepte, sondern viele verschiedene Rezepte, die im Kern sehr oft dieselben Basiszutaten nutzen. Jeder Rootdoctor und jede Hoodoo-Mama hat ihre eigenen Geheimrezepte, genauso, wie es bei uns der Fall ist, wenn magische

Praktiker arbeiten. Da Volksmagie eine Magie der kleinen Leute ist, musste auch oft improvisiert werden, wenn bestimmte Zutaten nicht zu bekommen oder schlicht und ergreifend für einen einfachen Arbeiter nicht erschwinglich waren. Diese Rezepte waren und sind also etwas Lebendiges und nichts, das in Beton gegossen wäre. Auf der Suche nach ursprünglichen Rezepturen habe ich mich mit verschiedenen Praktikern dieses Systems austauschen können und jedes Mal das einhellige Feedback bekommen, dass zwar bestimmte Basiszutaten üblich sind, aber darüber hinaus jeder sein eigenes Ding machen muss.

Die Rezepte, die ich hier wiedergebe, werden anders riechen als das, was Sie aus den Anna Riva Fläschchen kennen, denn diese Ölmischungen bestehen zu großen Teilen aus natürlichen Substanzen. In den Rezepten können auch synthetische Öle verwendet werden, das ist im Rootwork nicht unüblich, wenn eine Zutat zu teuer ist (wie Rosenöl) oder wenn es sie schlichtweg nicht gibt (wie Pfirsichduft). Wer keine synthetischen Öle verwenden möchte, lässt sie einfach weg oder ersetzt sie durch natürliche Substanzen (anstelle des Pfirsichdufts zum Beispiel ein kleines Stück Trockenpfirsich oder Rosenblüten statt Rosenöl). Generell müssen die Zutaten für diese Öle nicht nur aus ätherischen Ölen und Trägerölen bestehen, das ist sogar eher ungewöhnlich.

Ätherische Öle, wie sie uns heute zu mehr oder weniger erschwinglichen Preisen zur Verfügung stehen, sind in Bezug auf die lange Geschichte der Magie eine relativ neue Sache. In älteren magischen Rezepten findet man vor allem die Pflanzen selbst, aber kaum ätherische Öle. Heutzutage können wir da aus dem Vollen schöpfen, und daher können die angegebenen Zutaten sowohl als duftendes Öl (ätherisch und/oder synthetisch), Kraut, Harz (bei Weihrauch zum Beispiel), Blüte oder Wurzel der Mischung beigegeben werden.

Als Menge würde ich pro Ölmischung maximal 30 ml empfehlen. Größere Mengen anzumischen macht wenig Sinn, weil man magische Öle sparsam verwendet und natürliche Inhaltsstoffe nicht unbegrenzt haltbar sind. Bei vielen Ölen ist es besser, sie neu zu mischen, wenn sie verbraucht sind, als einen großen Vorrat anzulegen, bei dem der Duft irgendwann kippt. Als Faustformel gilt: 1 Jahr für Zitrus- und Blütendüfte, während Hölzer und die Öle aus Harzen mit der Zeit sogar reifen und dazugewinnen. Bei einem guten Händler werden Sie ätherische Öle und Kräuter immer mit einem Mindesthaltbarkeitsdatum versehen erhalten, sodass Sie genau wissen, woran Sie sind. Als Basisöl verwendet man am besten Mandel-, Jojoba- oder Sonnenblumenöl, die keinen Eigengeruch mitbringen und magisch eine gute Basis für alles Weitere bilden.

Noch ein Wort zur Dosierung der Zutaten, denn es macht einen großen Unterschied, ob Sie beispielsweise das ätherische Öl einer Pflanze (also ein starkes Konzentrat) oder die Pflanze getrocknet verwenden. Auf 30 ml sind 7–10 Tropfen ätherischen Öls oder eines Duftöls eine gute Dosierung für den Anfang, wobei man nicht vergessen darf, dass in der Magie nicht die Menge, sondern die Substanz als solche entscheidend ist. Wenn Sie ein Öl verwenden wollen, ohne dass andere es wahrnehmen, können Sie mit der Dosierung also auch nach unten gehen und sozusagen im homöopathischen Bereich arbeiten. Getrocknete Pflanzenteile, Harze und sonstige Zugaben können bis zu einem Viertel des Inhalts der Mischung ausmachen. Mit ein bisschen Übung bekommt man sehr schnell ein Gefühl dafür, das ist genau wie beim Kochen: irgendwann schüttelt man es locker aus dem Handgelenk.

Die folgenden Mischungen sollten in den gerade erwähnten Mengenverhältnissen mit einem Basisöl aufgegossen werden, daher erwähne ich das Basisöl nicht noch einmal zusätzlich in den Rezepturen, sondern nur die Zutaten, die der Mischung ihre Wirkung geben.

Adam and Eve

für: Liebe, Heirat, einen Partner anziehen, Versöhnung

ZUTATEN Rose, zwei Pappelknospen, Iriswurzel, einen Hauch Lavendel (nicht zu viel, die Mischung

soll vom Grundcharakter süß sein, zu viel Lavendel würde sie zu streng machen)
OPTIONAL pinkfarbener Glitter

Attraction

für: Anziehung von Geld, Liebe und Glück, Wunschmagie
ZUTATEN Zimt (verwenden Sie Zimt am besten als Pulver oder in Stücken von der Stange, da das ätherische Öl vom Zimt sehr die Haut reizt), Orange, ein Hauch Wintergrün, Rose, Pyritstückchen
OPTIONAL grüner und roter Glitter

Cut and Clear

für: eine saubere Trennung von altem Ballast, schlechten Beziehungen oder unschönen Dingen der Vergangenheit, um reinen Tisch zu machen
ZUTATEN Zitrone, Verbene (Zitroneneisenkraut), Lemongras (ähnlich wie beim Zimt ist das Öl hautreizend, daher gegebenenfalls getrocknetes Lemongras verwenden)
OPTIONAL silberfarbener und/oder zitronengelber Glitter

Fiery Wall of Protection

für: starker Schutz in ausgesprochen schwierigen Umständen, zieht einen Schutzwall, sollte nur dann angewendet werden, wenn es wirklich ernst ist
ZUTATEN Drachenblutharz, Ingwer, Senfsamen (hell), Chili, schwarzer Pfeffer
OPTIONAL roter Glitter

Healing

für: entspannt und befreit von Sorgen, Harmonie, für Heilungsrituale

ZUTATEN Minze, Salbei, Kampfer, Leinsamen, Rosmarin (Letzterer besonders wenn die Mischung für eine Frau ist)

OPTIONAL hellblauer und/oder silberner Glitter

(High) John the Conqueror

für: Power, Durchsetzungskraft, Hindernisse überwinden, Geld und Erfolg, einen kühlen Kopf bewahren und auch in schwierigen Umständen einen guten Weg finden. Dieses Öl ist zusammen mit Van Van ein Allroundöl. Einfach gesagt: High John sorgt dafür, dass man vorankommt und Van Van kümmert sich darum, dass man auch noch Glück und Freude dabei hat.

ZUTATEN High John Wurzel, klein gehackt (am besten mit einem Hammer spalten, sie ist sehr hart) für mindestens 2 Wochen im Öl belassen, manche Praktiker fügen Patchouli-, Zedern- oder Vetiveröl dazu, um den kräftigen Geruch der Wurzel zu unterstreichen.

OPTIONAL goldener Glitter

Money Drawing

für: wie der Name schon sagt, geht es hier ums Geld anziehen

ZUTATEN Zimt, Kamille, Piment, Thymian, Pyritstückchen

OPTIONAL grüner und goldener Glitter

Peace
für: Frieden und Harmonie
ZUTATEN Orange, Pfirsich, Mandel, Angelika, Kardamom
OPTIONAL pfirsich- oder rosafarbener Glitter

Special N° 20/auch: Candle Oil
für: starkes Allzwecköl für alle Lebensbereiche, es wird eher für Kerzenzauber verwendet (also nicht um Gegenstände zu betupfen und Ähnliches, sondern vor allem zur Verwendung auf magischen Kerzen)
ZUTATEN Vanille, Patchouli, Kalmus

Uncrossing
für: Pechsträhnen beenden, negative Magie aufheben und verfahrene Situationen lösen, ideal für die Verwendung auf reversiblen Kerzen
ZUTATEN Odermenning, Drachenblut, Rosmarin, Zitrone, Minze
OPTIONAL zwei geöffnete und getrennte Glieder einer Kette (zum Beispiel aus dem Bastelbedarf oder dem Baumarkt)

Van Van
für: Reinigung, Schutz, Glück, Liebe, Finanzen, gibt Zaubern mehr Kraft, Van Van ist eine typische New Orleans Allzweckmischung, die gerne auch im Haushalt verwendet wird, als Zusatz für die Wäsche oder beim Putzen, um negative Einflüsse zu vertreiben und das Glück anzulocken

ZUTATEN Lemongras, Pyritstückchen, ein Hauch Zimt (nicht zu viel, das Lemongras sollte die Mischung eindeutig dominieren)
OPTIONAL goldener Glitter

Kräuterkerzen

Nicht nur für dekorative Zwecke kann es Spaß machen, Kerzen mit Kräutern zu versehen. Auch zum Zaubern ist es eine gute Idee. Dazu gibt es zwei Methoden. Man reibt die Kerze mit Öl ein (dann haften die Kräuter besser) und wälzt sie dann in den entsprechenden Pflanzenteilen. Oder man kratzt eine Mulde in die Kerze, füllt Kräuter hinein und tropft das Ganze mit Wachs wieder zu. Im Folgenden beschreibe ich meine Lieblingskräuter für diesen Zweck. Das heißt aber nicht, dass Sie nicht auch andere verwenden können. Wie immer sollten Sie ruhig nach Ihren eigenen Vorstellungen ein bisschen experimentieren.

Eisenkraut (auch Verbene genannt)

... benutze ich, wenn es darum geht, einen Wunsch zu verstärken. Es ist eine sehr magische Pflanze, die für die verschiedensten Zwecke geeignet ist. Sie können es jeder beliebigen Kerze hinzufügen, um deren Zauberkraft zu verstärken. Mit Eisenkraut meine ich in nicht das Zitroneneisenkraut (die zitronige Pflanze, die man vom Tee her kennt), sondern das echte Eisenkraut.

Schafgarbe

… benutze ich für alle Dinge, die mit Freundschaften oder Schutz zu tun haben. Wenn ein Bekannter sich irgendwie immer weiter von einem entfernt oder man jemanden aus einem weitläufigen Freundeskreis gerne mal näher kennenlernen möchte, dann ist Schafgarbe die richtige Wahl. In Sachen Schutz ist Schafgarbe genauso vielfältig geeignet, egal, ob vor unangenehmem Besuch, eigentümlichen Schwiegereltern, bei einem unangenehmen Nachhauseweg oder wenn man jemanden schlicht und ergreifend nicht ausstehen kann.

Rosenblätter

… sind natürlich für die Liebe da! Und zwar für alles, was mit dem Thema zu tun hat, egal, ob es um eine gewünschte Beziehung, eine bestehende oder den Kummer danach geht. Doch auch für andere Formen der Liebe, wie zwischen Geschwistern, zwischen guten Freunden und so weiter, verwendet man Rosenblätter. Liebe gibt es ja nicht nur unter Paaren. Zumal es DIE Form von Liebe schlechthin auch nicht gibt. Sie ist eine Grundenergie, die sich jedoch in ganz verschiedenen Formen zeigen kann und von so manch anderen Gefühlen beeinflusst wird.

Ringelblume

Die Ringelblume (auch: Calendula) ist ein Pflänzchen für alles, was Sonne ins Herz bringt. Sie ist gut für neue, positive Entwicklungen, um ein Break in negative Tendenzen zu kriegen und natürlich auch für die Gesundheit. Ich liebe Ringelblumen einfach, ihren eigentümlichen Duft, die schönen Farben und nicht zuletzt ihre Heilkraft. Wenn man Ringelblumen an den Eingang eines Hauses pflanzt (das funktioniert auch im Topf), soll das guten Einflüssen die Tür in dieses Haus hinein öffnen und Schlechtes abhalten.

Zimt

Zimt, der ja schon angesprochen wurde, verwendet man für Geldzauberkerzen. Wenn man eine eingeölte Kerze in Zimt wälzt, sehen sie wie gepudert aus. Hierbei eignet sich besonders die Kombination mit grünen Kerzen – beispielsweise kann man jeden Donnerstag eine grüne Kerze mit einem Basisöl (diesem kann man noch Sandelholz-, Zedern-, oder Nelkenöl zusetzen) einreiben und sie danach in Zimt wälzen und anzünden. Macht man das jeden Donnerstag und konzentriert sich dabei auf den Zweck, darf man einen schönen, ausgeglichenen Finanzfluss erwarten.

Lindenblüten

... benutzt man für die romantische Liebe. Vor allem, um sie zu erwecken oder einer bestehenden Beziehung einen neuen, süßen Schauder zu geben.

Natürlich lassen sich noch viele andere Zutaten benutzen. Man kann die Kerzen auch mit Zutaten wie

Honig (für süße Liebe), Orangenblütenwasser (Glück, Freude, Harmonie), Parfüm, Blütenblättern, Edelsteinstückchen, Glitter und vielem mehr verzieren. Je nach Anlass lässt sich hier die Wahl treffen. Natürlich haften Honig oder auch Rosenwasser nicht gleichmäßig auf einer Kerze – das müssen sie auch gar nicht. Es geht vielmehr um die symbolische Behandlung. Unter einem Mikroskop betrachtet, würde man sich ohnehin wundern, wie viel dann doch davon haften bleibt. Eines muss ich aber betonen: Je mehr Sie Ihre Kerze verzieren oder mit Kräutern behandeln, desto wichtiger wird eine ausreichend große, feuerfeste Unterlage! Behandelte Kerzen brennen meist unsymmetrisch ab, oft fangen die Kräuterstückchen Feuer, und das Ganze kann auch zu qualmen beginnen. Also entweder gut beaufsichtigt im Haus oder noch besser draußen damit zaubern! Auch im Freien beaufsichtigen und eine feuerfeste Unterlage mitnehmen. Es kommt auch immer ein bisschen auf die Kräuter an. Bei Zimtpulver brauchen Sie sich keine Gedanken zu machen, im Vergleich zu Sandelholzstückchen, die Sie an einer Kerze befestigt haben.

Kerzen umdrehen

Dies ist eine alte Technik, mit der wir die symbolische Bedeutung (zum Beispiel der Kerzenfarbe) in ihr Gegenteil verkehren. Damit wird bei hochgekochten Emotionen aus einer roten, ›leidenschaftlichen‹ Kerze ein Gegenmittel. Eine schwarze Kerze kann so noch effektiver zum Bannen negativer Einflüsse benutzt werden. Ganz klar kann so natürlich auch eine ganze Menge schwarzer Magie kreiert werden. Es ist letztendlich Ihre Sache, wofür Sie sich entscheiden. Jedes Ding hat zwei Seiten und auch diese magische Technik ist davon nicht ausgenommen. Sie müssen jetzt aber keinen Schreck bekommen und beschließen, diese Methode besser nicht auszuprobieren. Das wäre so, als würden Sie den Herd aus der Wohnung schaffen, nur weil man sich daran verbrennen kann. Es ist außerdem Ihr gutes Recht, sich die rachsüchtigen Gefühle eines Verflossenen vom Hals zu halten. Oder wenn Sie beispielsweise jemanden, der im Krankenhaus liegt, unterstützen wollen und mit der Kerze symbolisch ein Zurückgehen seiner Krankheit darstellen wollen. Natürlich ist diese Kerzentechnik besonders für die Phase des abnehmenden Mondes geeignet.

Wie geht es also? Sie schneiden einfach die obere Spitze der Kerze gerade ab, dadurch erhalten Sie die neue Bodenfläche. Nun drehen Sie die Kerze um und schälen den Docht auf der anderen Seite etwa 1 cm weit heraus. Bearbeiten Sie die Kerze je nach Wunsch, und zünden Sie sie am herausgeschälten Dochtende an. So wie die Kerze abbrennt, minimiert sich auch der Einfluss, den sie darstellt.

Nadeln und Kerzen

Nadeln sind eine gute Möglichkeit, seine Wünsche auf eine Kerze zu projizieren. Zumeist werden dafür Stecknadeln mit farbigen oder metallischen Köpfen benutzt, die man einmal quer durch die Kerze sticht, sodass sie am anderen Ende wieder herausschaut (oder zumindest so tief, wie man sie hineinbekommt, bei dickeren Kerzen sind die Nadeln nicht lang genug). Die symbolische Bedeutung der Farben des Stecknadelkopfes entspricht wiederum den bereits erwähnten Farbbedeutungen. Sie können einen oder mehrere Wünsche in eine Kerze stecken, aber auch einzelne Wünsche durch einen andersfarbigen Stecknadelkopf präzisieren. Wenn Sie zum Beispiel eine Beziehung romantischer, gleichzeitig aber auch leidenschaftlicher gestalten wollen, nehmen Sie eine rosa Kerze mit einer roten Stecknadel. Oder wenn Sie ein Vorstellungsgespräch besser gestalten wollen, nehmen Sie eine blaue Kerze, um die Kommunikation zu fördern und eine gelbe Stecknadel, um ein glückliches Händchen zu haben. Diesbezüglich lassen sich viele Ideen verwirklichen und noch mit anderen Methoden, beispielsweise Einölen und Einritzen, kombinieren.

Für Schutzzauber können Sie übrigens neben Stecknadeln auch die Dornen von Pflanzen nehmen. Sind Sie in der Liebe verletzt worden, bieten sich Rosendornen an. Wobei man die nicht unbedingt in die Kerze hineinstechen sollte, sondern vielmehr mit dem spitzen Ende nach außen anbringen sollte, um sein Herz vor weiteren Enttäuschungen zu schützen.

Haare, Nägel, Kleidungsstücke

Jetzt kommen die interessanten Sachen, werden Sie vielleicht denken. Mit diesen Zutaten beziehen wir uns ganz direkt auf die Person, der die Sachen gehören, was einen selbst natürlich mit einschließt. Deshalb ist es auch so wichtig, verantwortungsbewusst damit umzugehen. Das heißt vor allem, den freien Willen der Person zu achten. Es ist einfach unfair (und zeugt nicht gerade von Reife), den oder die Ex mit noch in der Wohnung herumliegenden Kleidungsstücken verhexen zu wollen.

Falls Sie mit solchen Gedanken spielen, erkennen Sie hoffentlich von selbst, dass an dieser Stelle besser die Bewältigung von Schmerz und Kummer in den Vordergrund treten sollte. Alles andere lässt uns nur noch mehr der Vergangenheit verhaftet sein, und wer bindet sich schon gerne einen Klotz ans Bein? Ich sehe schon Ihr fragendes Gesicht: Nun gut, Claire, aber wofür kann ich diese Zutaten dann überhaupt gebrauchen, wenn ich nicht in den freien Willen der Person eingreifen darf? Und damit stellen Sie eine wichtige Frage! Solche Zauber werden immer danach trachten, den anderen zu verändern. Aber machen wir uns nichts vor, die gesamte Magie ist nichts anderes, als die Kunst Dinge zu verändern, und auch unser Alltag besteht zu großen Teilen aus Handlungen, die das Bestehende verändern. Veränderungen sind natürlich, alles in der Natur und auch bei uns Menschen ist dem Wandel unterworfen. Die Frage ist also wirklich nicht einfach zu beantworten. Deshalb möchte ich Ihnen raten: Lassen Sie einfach ein Hintertürchen beim Zaubern auf! Nehmen Sie das Haar, den Fingernagelschnipsel oder was auch immer Sie haben (ein T-Shirt, etwas Handgeschriebenes, ein benutztes Handtuch oder Ähnliches), drücken Sie ein Stückchen davon auf die Kerze oder wachsen Sie es darauf fest. Dann bearbeiten Sie die Kerze wie geplant, aber fügen beim Zaubern einen Nebensatz wie »... wenn es das Beste für uns ist« hinzu. Beziehen Sie stets beide Seiten in die Formel mit ein, denn jeder Zauber hat auch eine Rückwirkung auf den Ausführenden. Mit einem solchen Nebensatz fügen Sie eine kleine, aber entscheidende Feinheit hinzu. So können Sie guten Herzens auch mit diesen Dingen zaubern, die ja gerade wegen ihrer direkten Zugehörigkeit zum anderen so wirksam sind.

Wie bereits angeschnitten, benutzt man aber nicht unbedingt nur persönliche Dinge von anderen für seine Zauber, sondern auch eigene Sachen, wie beispielsweise ein paar Haare, wenn man für sich selbst arbeitet. Das verstärkt den Zauber, weil es ihm die ganz persönliche Signatur gibt und die geistige Welt anschließend sofort weiß, von welchem Absender die Energie kommt. Letztendlich dienen auch Namen, die man auf Zettel schreibt oder in die Kerze ritzt demselben Zweck, doch da Haare, Hautschüppchen (an getragener Kleidung zu finden) oder etwas Spucke direkt vom eigenen Körper stammen, sind sie noch enger mit der eigenen Energie verbunden.

Kerzen und Wunschzettel

Diese Form der Kerzenmagie hat sich meinen Erfahrungen nach sehr bewährt – so einfach sie auch erscheinen mag. Sie lässt sich gut mit Einölen und Kräuterzusätzen kombinieren und ist wegen ihrer Einfachheit besonders für Anfänger geeignet. Was sie aber nicht weniger wirksam macht!

Sie brauchen dazu nur eine Kerze, ein Zettelchen, einen Stift, der eine zum Wunsch passende Farbe hat, und eine feuerfeste Unterlage (ein großer Teller zum Beispiel). Nun ritzt man auf die Kerze glücksbringende Symbole, wie etwa Pentagramme, eigene Symbole, Planetenzeichen, Herzen, Eurozeichen, Kleeblätter und so weiter, je nach Thema des Zaubers. Danach wird die Kerze dünn mit dem entsprechenden Öl eingerieben. Wenn man gerade kein Öl zur Hand hat, kann man es auch weglassen. Dann schreibt man mit der entsprechenden Farbe den Wunsch auf das Zettelchen.

Dabei gilt: Gelb für Gesundheit und Freude, Rot für Leidenschaft und Durchsetzungsfähigkeit, Violett für spirituelle Wünsche, Blau für Kommunikation, Grün für finanzielle Belange und Schwarz, um Dinge zu verbannen. Diesen Wunschzettel legt man auf den Teller und legt sich einen kleinen rituellen

Rahmen fest. Innerhalb dieses Rahmens tropft man Wachs von der Kerze auf den Wunschzettel und drückt die Kerze hinein. Im Anschluss lässt man die Kerze in einem Stück auf dem Teller herunterbrennen. Angenommen, Sie haben aus verschiedenen Gründen keine Zeit, die Kerze ganz herunterbrennen zu lassen (eine normale Stabkerze braucht etwa 8 Stunden) und sie dabei zu beaufsichtigen, können Sie sie auch halbieren und nur die Hälfte benutzen. Oder Sie führen den Zauber draußen aus, denn durch den Wind brennt die Kerze viel schneller herunter. Natürlich muss die Kerze auch draußen auf eine feuerfeste Unterlage gestellt und beaufsichtigt werden. Im Wald sollten Sie im Sommer keinesfalls mit Kerzenmagie arbeiten, das könnte verheerend enden. Um die Frage zu klären, ob nun eigentlich draußen oder drinnen zaubern wirksamer ist, müssen Sie auf Ihr Gefühl hören. Wenn Sie sich in einem abgeschiedenen Wald unsicher fühlen, ist das sicher nicht das Richtige für Sie.

Ich kann mich auch gut erinnern, wie mich spazierende Rentner regelrecht in die Flucht geschlagen haben, sonntags früh um acht Uhr. Da hatte ich mir echt den falschen Platz ausgesucht. Um störende Blicke und Fragen zu vermeiden, habe ich einfach zu Hause weitergemacht. Denken Sie also bei der Entscheidung, ob Sie drinnen oder draußen zaubern sollten, immer daran, wo Sie sich wohler fühlen. In der Stadt bietet sich oft nur die eigene Wohnung an. Wenn Sie das Glück haben, auf dem Land zu wohnen, sieht das natürlich etwas anders aus. Allerdings können überaufmerksame Mitmenschen auch dort ein Grund sein, lieber drinnen magisch zu wirken. Es ist ja nie gut, in Sachen Magie zu gesprächig zu sein. Wer sich nicht selbst damit befasst, hat oft nur wenig Verständnis dafür.

Doch kommen wir noch einmal zu den Wunschzetteln zurück, denn diese Technik kann man auch ein Stück weit verfeinern, je nachdem, ob man mit seinem Ritual etwas anziehen oder etwas bannen möchte. Diese spezielle Technik dreht sich um zwei Dinge, die zusammengebracht werden, nämlich das Ziel (im ersten Schritt) und den Wunsch, wie sich etwas verändern soll (im zweiten Schritt).

Dafür schreibt man zuerst das Ziel des Zaubers auf den Zettel und zwar kurz und knapp, keine langen Sätze, sondern auf den Punkt gebracht in höchstens drei Worten. Man schreibt das Ziel bei einem normalen Zauber dreimal untereinander auf den Zettel. Ist es eine schwierigere Angelegenheit, schreibt man es neunmal untereinander. Man kann diese Technik auch mit Namen (beispielsweise von Personen, Institutionen, Firmen ...) anwenden, in diesem Fall ist der jeweilige Name das Ziel und wird drei- oder neunmal untereinandergeschrieben. Es versteht sich von selbst, dass auch hier wieder alles gilt, was bereits über Weiße Magie gesagt wurde.

Wenn man mit seinem Zauber etwas anziehen, positiv bestärken und zum Guten verändern will, dreht man den Zettel nun im rechten Winkel nach rechts. Das ist ganz einfach: Die oberen Enden der Buchstaben zeigen dann nach rechts, so kann man sich das leicht merken. Nun schreibt man im zweiten Schritt (wieder drei- beziehungsweise neunmal) seinen Wunsch direkt über den Namen.

Ein Beispiel: eine selbstständige Floristin, die sich mehr Umsatz wünscht, würde also im ersten Schritt dreimal den Namen ihres Ladens untereinanderschreiben, also zum Beispiel »Steffis Blumenparadies«. Anschließend würde sie den Wunschzettel nach rechts drehen (wir erinnern uns: die oberen Enden der Buchstaben zeigen dann nach rechts) und dreimal etwas wie »viele, gute Kunden« direkt über die nun quer liegenden Textzeilen »Steffis Blumenparadies« schreiben. Man kreuzt also mit der Schrift Wunsch und Absender übereinander, sodass sie eine Einheit bilden.

Geht es bei einem Zauber jedoch darum, etwas zu bannen, zu lösen oder zu verkleinern, dreht man den Zettel in die andere Richtung. Auch das ist ganz einfach: zuerst wird wieder das Ziel drei- oder neunmal untereinandergeschrieben. Doch jetzt dreht man den Zettel im rechten Winkel nach links, das heißt: die oberen Enden der Buchstaben zeigen dann nach links. Nun wird der bannende Wunsch drei- oder neunmal darübergeschrieben. Das würde in der Praxis dann zum Beispiel so aussehen, dass eine Familie, die immer wieder von einem bösartigen Nachbarn belästigt wird, den Namen des Nachbarn (in diesem Fall sicher neunmal) auf den Zettel schreibt, den Zettel dann nach links dreht und etwas wie »Geh in Frieden!« darüberschreibt.

Kerzen abbrennen

Eine Kerze abbrennen zu lassen, scheint nicht weiter schwer zu sein. Warum dann dieses Kapitel? Das ist schnell erklärt. Mit der Magie verfolgen wir einen bestimmten Zweck, und um diesen zu verwirklichen, können wir die Kerzen nicht nur einölen oder anderweitig bearbeiten, sondern auch mit der Art und Weise, wann und wie wir sie abbrennen lassen, unsere Absicht verstärken.

Geeignete Plätze

Wie im letzten Kapitel schon angedeutet, steht hier erst einmal die Sicherheit im Vordergrund. Sie wissen ja, es ist sehr wichtig, eine feuerfeste Unterlage zu verwenden, die Kerzen ordentlich ›festzuwachsen‹ (für diesen Zweck gibt es in Drogerien auch spezielle Wachsplättchen, die ihren Preis wert sind) und zu beaufsichtigen.

Wenn ein Kerzenzauber also laut Vorschrift um Mitternacht entzündet werden muss, bedeutet das: die Nacht wird lang! Vermutlich sitzen Sie im Morgengrauen noch da, also nehmen Sie lieber gleich eine kurze Kerze.

Oder Sie benutzen folgende Methode: Stellen Sie die Kerze die Nacht über auf ein kleines Podest (umgedrehte Schale, Blumentopf oder Ähnliches) in die leicht gefüllte Bade- oder Duschwanne. Wenn sie umfällt, wird sie sofort gelöscht.

Da ich persönlich bei dieser Methode nachts kein Auge zukriege, empfehle ich kurze Kerzen oder es wird eben eine lange Nacht.

Bei Haustieren muss man besonders vorsichtig sein, ebenso bei Votivkerzengläschen, die manchmal zerspringen. Mal abgesehen von der Sicherheit, stellt sich noch eine ganz andere Frage:

Brauche ich einen Altar?

Vielleicht haben Sie schon einen, dann ist diese Frage nebensächlich. Falls nicht, möchte ich Ihnen hier zur Entscheidungsfindung die Vor- und Nachteile aufzählen.

Nachteil gibt es eigentlich nur einen einzigen, nämlich dass Menschen, die nichts von Ihrem ›Hobby‹ wissen, den Altar sehen und als solchen erkennen könnten. Mögen mich alle bekennenden Hexen schelten, aber ich finde, dass keineswegs jeder wissen muss, was man so treibt – schon gar nicht Menschen, die das falsch interpretieren würden.

Schweigen kann da viel wert sein, denn es gibt leider genügend intolerante Zeitgenossen. Wobei religiöse Fanatiker oft gar nicht das Problem sind, verglichen mit den deutlich häufiger vorkommenden Skeptikern, die mit spitzer Zunge alles lächerlich machen, was nicht in ihre kleine Welt passt. Das kann sehr verletzend sein, gerade weil es um Dinge geht, die Ihnen bedeutsam oder heilig sind. Wenn Sie also oft Besuch bekommen, der es nicht zu wissen braucht, Sie noch unsicher sind, wie Ihr Freund darauf reagieren wird oder Ähnliches, dann nehmen Sie den Küchentisch, den Couchtisch oder eine Kommode für Ihre Magie. Auf Reisen muss man sowieso manchmal auf Dinge wie Nachttischchen im Hotel zurückgreifen, und das wirkt genauso gut, wenn man konzentriert arbeitet. Wenn wir manchmal unser Leben der Magie anpassen, muss sich diese auch zeitweilig unserem Leben anpassen können.

Wenn Sie sich für einen Altar entscheiden, müssen Sie dafür keine großen Anschaffungen machen. Ein stabiler Pappkarton, ein kleines Tischchen oder Ähnliches, darüber eine kleine Decke, zwei weiße Kerzen auf die hinteren Ecken und fertig ist das Ganze. Sie können Ihren Altar mit Blumen, (Edel-) Steinen, Perlen, Muscheln, bunten Bändchen und so weiter schmücken, ganz nach Ihrem Geschmack. Und das ›Nach-Ihrem-Geschmack‹ ist hier das Wichtigste!

Wenn Sie Plüschtiere lieben, warum sollte dann nicht ein kleines Plüschtier auf Ihrem Altar sitzen? Wenn Sie Glaskugeln mit fantasievollen Einschlüssen mögen, ein Usambaraveilchen oder ..., dann können Sie es ruhig mit auf Ihren Altar stellen. Erfahrungsgemäß wechselt die Altargestaltung sowieso des Öfteren, je nach Vorliebe oder Anlass des Rituals. Einen fürchterlichen Nachbarn mit einem süßen Plüschteddy neben der schwarzen Kerze loswerden? Wohl kaum.

Falls Ihnen manche Dinge zu profan oder kitschig vorkommen, sollten Sie bedenken, dass genau diese profanen und kitschigen Gegenstände Ihren Altar zu einer Quelle der Kraft machen können. Diese Dinge, die Sie ja trotz allem ganz besonders mögen, sind so etwas wie die Signatur Ihres Altars, und wenn Rituale von Ihrem Altar in den Kosmos geschickt werden, wirken diese Dinge mit hinein. Gerade weil sie so gut zu Ihnen passen, wird das Ritual noch präziser. Aber nicht nur der Altar, auch die Frage, wie man seine Kerzen abbrennen lässt, ist zu klären.

Man kann sie in einem Stück oder in Etappen herunterbrennen lassen. In vielen Büchern liest man, Kerzen müssen auf jeden Fall in einem Stück herunterbrennen. Das kann man aber auch anders handhaben. Soll etwas Großes manifestiert werden, bietet es sich natürlich an, den Wunsch Stück für Stück mit der Kerze in die magischen Energieströme hinüberzutransportieren.

Das lässt sich auch wunderbar mit den Bedeutungen der einzelnen Wochentage kombinieren.

Wenn Sie beispielsweise in finanziellen Dingen etwas von Dauer bewirken wollen, ist es naheliiegend, die Kerze dafür etappenweise von Donnerstag (Jupitertag, steht für Geld und Macht) bis Samstag (Saturntag, steht unter anderem für Festigkeit und Ausdauer) abbrennen zu lassen. Oder wenn Sie eine bessere Kommunikation mit Ihrem Partner haben wollen, lassen Sie die Kerze von Freitag (Venus, Liebe und Harmonie) bis Mittwoch (Merkur, Kommunikation und Gewitztheit) herunterbrennen.

Vielleicht wundern Sie sich, warum ich so oft auf Zauber zur Verbesserung der Kommunikation in Beziehungen verweise. Nun, meinen Erfahrungen nach ist das ein ganz wichtiger Bereich – vielleicht sogar der wichtigste in einer Beziehung. Denn nichts kann so sehr darauf lasten, wie unausgesprochene Wünsche, Missverständnisse oder schlechte Gesprächsgewohnheiten. Sie sollen natürlich nicht ununterbrochen aufeinander einreden! Es geht darum, dass Sie sich bewusst werden, was Ihnen wirklich wichtig ist und hinter welchen Kritikpunkten an ihm beziehungsweise ihr sich eigentlich etwas ganz anderes verbirgt. Gute Kommunikation bedeutet nicht unbedingt viel zu reden, sondern das Richtige zu sagen.

Sprechen Sie es an, wenn die geeignete Stimmung dazu herrscht, notfalls müssen Sie diese erst einmal schaffen. Hören Sie auch Ihrem Gegenüber genau zu! Kommunikation hat ja immer etwas mit zwei (oder mehr) Personen zu tun. Und glauben Sie nicht, dass sich nach einmal Reden gleich alles verändert, so etwas braucht Zeit. Da ich hier aber keinen Beziehungsratgeber schreibe, bringe ich es auf die kurze Formel meiner Schwester: »Kommunikation ist alles«.

Um nochmals auf die Wochentage zurückzukommen: Lassen Sie bei kleineren Wünschen entsprechend eine kleinere Kerze am dazu passenden Wochentag ganz herunterbrennen. Meiner persönlichen Erfahrung nach kann es aber noch kraftvoller sein, die Kerze ohne Rücksicht auf Wochentage dann zu entzünden, wenn man in der passenden Stimmung ist. Sie sind dann voll konzentriert auf das Ziel und können so mehr Kraft in den Zauber legen, als Sie es tun würden, wenn Sie auf den richtigen Wochentag warten würden, dann aber gar nicht in Stimmung oder zu geschafft vom Arbeitstag sind.

Natürlich kann man dazu kritisch einwenden, dass Bedacht vor einem Zauber das Wichtigste ist und es die magischen Korrespondenzen nicht umsonst gibt. Das stimmt auch, doch manchmal signalisiert einem die Intuition ganz deutlich, dass es jetzt(!) sein muss. Und dann sollte man auch darauf hören, denn die Intuition weiß manchmal besser, was gefragt ist. Wenn Sie jemanden kennenlernen wollen, weil Sie sich total in ihn beziehungsweise sie verliebt haben, beschließen Sie also am Freitag (Venustag), einen Liebeszauber zu wirken. Es ist sogar zunehmender Mond, und alles sieht bestens aus. Trotzdem sagt Ihnen Ihr Gefühl schon am Mittwoch, dass Sie jetzt zaubern sollten. Sie tun es, und tatsächlich hat Ihre Intuition hier zu Ihren Gunsten gearbeitet, indem Sie sich den ›Kommunikationstag‹ der Woche aussuchte. Vielleicht braucht es erst einmal ein Gespräch zwischen Ihnen und dem Objekt der Begierde – dafür ist Mittwoch genau der richtige Zaubertag. Und wer weiß, vielleicht fällt Ihnen im Gespräch dann auf, dass er oder sie gar nicht so gut zu Ihnen passt, oder aber Sie können ihn beziehungsweise sie durch ein gelungenes Gespräch in Ihren Bann ziehen, und vielleicht entwickelt sich die erhoffte Romanze daraus.

Aber um eines möchte ich Sie bitten: Versteifen Sie sich nie darauf, dass es nur diesen einen Partner für Sie gibt. Ich erlebe es in der Arbeit mit Klienten immer wieder, dass verzweifelte Männer und Frauen sich an einen ehemaligen Partner klammern, der sich innerlich schon völlig von ihnen gelöst hat und ihn zurückhaben wollen. Aber leider ist das nicht immer möglich, und wenn es nicht funktioniert oder ich von Anfang an sehe, dass da andere Kräfte als Liebe (zum Beispiel Besitzdenken) am Werke sind, finde ich es besser, eine neue Beziehung anzustreben oder sich generell eine Ruhepause von Beziehungen zu gönnen. Oft ist vielen gar nicht klar, dass sie für sich genommen bereits ein vollwertiger Mensch sind und nicht erst die Aufwertung durch einen Partner oder eine Partnerin benötigen, um komplett zu sein. Kein Wunder bei all dem Kitsch, der durch Musik, Filme, Bücher, Ratgeber und Zeitschriften zum Thema Liebe wabert und den Menschen einredet, dass Alleinsein gleichbedeutend mit Einsamkeit wäre, obwohl es zwei völlig verschiedene Paar Schuhe sind. Man kann als Single zufrieden und glücklich leben, genauso wie man sich in einer Beziehung einsam und verlassen fühlen kann. Aber das nur am Rande, kommen wir wieder zurück zu den Kerzen.

Es ist auf jeden Fall wichtig, bei Kerzenritualen auf die eigene Intuition zu hören. Sie ergründen zu wollen, wäre allerdings schlichtweg unmöglich. Die Intuition würde nie hinter ihrem Schleier hervorblicken, geschweige denn sich enthüllen.

Nun fragen Sie sich bestimmt schon, wie eigentlich das Magische, das Rituelle bei einem Kerzenzauber aussieht.

Einfach nur anzünden und abbrennen lassen, das wirkt noch nicht sehr magisch, oder? In Notfällen kann man natürlich wirklich so schlicht vorgehen. So hatte ich mich mal mit einem ehemaligen Freund heftig verkracht. Es war nicht mal ein richtiger Streit, wir haben uns eines Abends per Email in etwas reingesteigert. Jeder war sauer auf den anderen, und es herrschte im wahrsten Sinne des Wortes Funkstille. Als ich einsah, dass sich der ganze Streit absurderweise an Kleinigkeiten hochgezogen hatte, wollte ich mich entschuldigen. Doch da ich in ein paar Punkten auf meiner Meinung bestand, wollte ich auch nicht nachgeben. Also beschloss ich, Hilfe ›von oben‹ anzufordern. Viel hatte ich nicht da, aber mit einer einfachen rosafarbenen Schwimmkerze und einer spontan gemixten Räuchermischung aus Eisenkraut (für die Liebe), Zimt (positive Energie), Salbei (gegen die negativen Energien) und Pfeffer (damit der Zauber beschleunigt wird, aber nur sehr, sehr wenig, sonst hustet man sich die Lunge aus dem Leib) setzte ich mich an meinen Altar und betete zu Isis, dass sie uns aus dieser verfahrenen Situation heraushelfen möge. Und trotz des spartanischen Rituals meldete er sich, noch während die Kerze brannte, mitten in der Nacht telefonisch bei mir, und wir versöhnten uns wieder. Es müssen also nicht immer große Dinge getan werden, um etwas zu bewegen.

Im Allgemeinen macht es aber mehr Spaß, und fördert auch die Konzentration, wenn man sich einen rituellen Rahmen zurechtlegt. Ich empfehle Ihnen folgenden Grundablauf:

1. Alles bereitstellen, reinigen: Duschen oder Hände und Gesicht waschen oder symbolisch mit einem Bergkristall über den Körper fahren und im Raum etwas Salzwasser versprengen – besonders praktisch veranlagte Menschen nehmen dafür einen Blumensprüher.

2. Magischen Kreis ziehen: Gedanklich als Kreis aus weißem Licht, der einen umgibt, oder real aus Steinen, Schnipseln oder mit Schnur gelegt.

3. Anrufung und Gebet: Die gewählte Kraft, Gottheit beziehungsweise Energievorstellung wird herbeigerufen, mit Worten oder Gedanken. Danach entzündet man die Kerze und das Räucherwerk

und schildert der Kraft sein Problem ausführlich mit allen negativen – ja, auch die Bedenken oder Ähnliches müssen zu ihrem Recht kommen – und positiven Gedanken, die man dazu hat, und bittet um Unterstützung, damit alles den bestmöglichen Verlauf nimmt.

4. Abschied: Man dankt der angerufenen Kraft und verabschiedet sich. Dazu kann man feste Formeln schaffen oder ganz spontan sein.

5. ›Erden‹ und Kreis aufheben: Nun muss das Energieniveau, das während des Rituals für gewöhnlich ansteigt, wieder alltagsgerecht werden. Dazu legt man die Hände auf den Boden und stellt sich vor, wie die überschüssige Energie in die Erde abfließt. Dann fühlt man sich meist wunderbar entspannt, weil man die Sache angepackt hat und weiß, dass sie sich zum Besten wenden wird. Schließlich müssen Sie nur noch den magischen Kreis auflösen und die Kerzen beaufsichtigen, bis sie abgebrannt sind.

Nach dem Zauber ist es am besten, nicht viel darüber nachzudenken und ihm so Raum zu lassen, sich zu entfalten. Essen Sie eine Kleinigkeit (wie Ihnen jede erfahrene Hexe bestätigen kann, macht Magie hungrig, weil man dabei viel Energie bewegt) und machen Sie etwas Vergnügliches.

Falls Sie mit Ihrem Zauber eine Kerze entzündet haben, die Sie in Etappen abbrennen lassen wollen, müssen Sie sie natürlich zwischendurch löschen.

Auch hierzu – man sollte es kaum glauben – gibt es ganz verschiedene Ansichten. Soll man sie ausblasen oder mit einem Kerzenlöscher löschen? Viele Hexen meinen: Niemals ausblasen! Dem kann ich mich aus meiner persönlichen Erfahrung anschließen. Man würde den Zauber damit regelrecht wegblasen. Die aufgebaute Energie würde durcheinandergewirbelt werden. Besser ist es, Kerzen mit angefeuchteten Fingern auszudrücken oder einen Kerzenlöscher zu verwenden. Probieren Sie es ruhig einmal aus – Sie werden den Unterschied fühlen!

Monats-, Altar-, Sabbat- und Esbatkerzen

Monatskerzen

Sie sind rituell nicht ganz so wichtig, aber ich mag Monatskerzen sehr, weil sie einen an den Lauf des Jahres erinnern. Ihr Einsatz ist nicht nur auf den Altar beschränkt, Sie können sie auch in Ihrer Wohnung verwenden.

Im Januar sind es hellblaue, weiße und gelbe Kerzen. Diese Farben betonen die Kühle, aber auch das Licht dieser Zeit, das vom Schnee reflektiert wird. Der Februar bringt uns die ersten etwas längeren Tage. Dies wird durch weiße und gelbe Kerzen symbolisiert. Danach folgen hellgrüne und rosa Kerzen, um das erste zarte Sprießen im März zu versinnbildlichen. Im wechselhaften April sind die Farben Gelb, Pink und Grün. Der Mai steht dann voll und ganz im Zeichen der Fruchtbarkeit, hier sind kräftiges Grün als Symbol für Wachstum und leidenschaftliches Rot angesagt. Im schon sommerlichen Juni folgen Orange, Blau und Türkis. Der heiße Juli bekommt gelbe und rote Kerzen, die symbolisch für Licht, Sonne und Hitze stehen. Noch in der heißen Zeit des Sommers wird im August die Zeit der Ernte eingeläutet. Dies versinnbildlichen rote, braune und ockerfarbene Kerzen. Im herbstlichen September nehmen wir Braun, Gelb und Orange. Der Oktober folgt mit Dunkelrot und Weiß. Im November hat man die Wahl – entweder nimmt man violette und silberne Kerzen, um die Spiritualität dieser Zeit zu betonen oder man schließt sich den typischen Halloweenfarben Orange und Schwarz an. Wenn Sie, wie ich, die ganzen kleinen Kürbis- und Totenkopfkerzen und Halloween als Fest an sich mögen, wählen Sie ruhig die entsprechenden Utensilien. Schließlich geht dieses Fest auf das alte keltische Samhain zurück.

Ich kann dem ›bösen‹ Kommerz darum jedenfalls nichts Schlechtes abgewinnen. Außerdem ist es für eine Hexe sowieso ziemlich amüsant, wenn an diesem Abend die Kinder als gruselige Hexen verkleidet durch die Straße stürmen und bei einem klingeln, um Süßigkeiten einzufordern. Wenn die wüssten, wer da die Hexe ist … Im Dezember nimmt man dann ganz traditionell weiße, grüne und rote Kerzen. Auch goldfarben ist eine schöne Wahl, um die Wintersonnenwende und damit das Zunehmen des Lichts zu symbolisieren.

Altarkerzen

… sind im Normalfall etwas dicker als Stabkerzen und weiß, werden Sie jetzt bestimmt sagen. Da haben Sie recht, auch wenn man im Notfall sogar zu Teelichten greifen kann. Altarkerzen sind der

Rahmen jedes größeren Rituals. Es wird prinzipiell nichts in sie hineingeritzt, außer einem Pentagramm oder einem anderen spirituellen Symbol, das einem viel bedeutet auf der Unterseite. Aber es gibt doch auch noch rote, schwarze oder geschmückte Altarkerzen. Ja, das stimmt, die gibt es zu kaufen. Aber sie sind einfach nicht ideal, um an den beiden Ecken des Altars über Rituale zu wachen. Farben wären hier fehl am Platz, denn nur Weiß enthält alle Spektralfarben, die universell den unterschiedlichen Zwecken verschiedener Rituale dienlich sein können. Man stellt schließlich nicht zu jedem Ritual andere Altarkerzen auf – das würde die Ruhe und Kontinuität, die sie ausstrahlen sollen, behindern. Gegen das Einritzen, Schmücken und Einölen anderer Kerzen gibt es nichts zu sagen. Aber bitte nicht bei Altarkerzen, denn diese sollen universell einsetzbar sein. Es sei denn, Sie würden sich für ein allgemein die Spiritualität förderndes Öl entscheiden, wie Sandelholzöl, eine Mischung aus je einer Hälfte Weihrauch- und Myrrheöl oder reines Olivenöl, das seit der Antike als heiliges Öl für spirituelle Zwecke verwendet wird. Noch etwas Praktisches zum Thema: Wenn Sie dicke Altarkerzen nehmen (etwa ab 4 cm Durchmesser), müssen diese mindestens eine Stunde brennen, bevor sie wieder gelöscht werden, sonst ›frisst‹ sich die Flamme in der Mitte nach unten und Sie müssen ständig die Ränder abschneiden.

Sabbatkerzen

Falls Sie noch nichts Genaues über die Hexensabbate wissen, möchte ich auf mein erstes Buch *Basiswissen Weiße Magie* verweisen, darin können Sie sich über die alten traditionellen Hexenfeste im Jahresrad informieren.

Zu den acht Sabbaten gelten folgende Kerzenfarben:

01.02.	*Imbolc*	Weiß, Pastelltöne, Gelb
21.03.	*Ostara*	Grün, Gelb
30.04.	*Beltane*	Rot, Grün
21.06.	*Litha*	Blau, Gelb
01.08.	*Lammas*	Grün, Gelb, Hellbraun
21.09.	*Mabon*	Orange, Dunkelrot, Braun
31.10.	*Samhain*	Schwarz, Orange
21.12.	*Jul*	Weiß, Rot, Gold

Esbatkerzen

Esbats sind die traditionellen Vollmondfeste der Alten Religion. Da der Vollmond jeweils in einem anderen Tierkreiszeichen steht, stelle ich oft noch eine spezielle Esbatkerze zu den anderen Kerzen auf den Altar, wenn es darum geht, Vollmondrituale zu feiern. Diese Kerze symbolisiert durch ihre Farbe die spezielle Energie, die der Vollmond durch das jeweilige Sternzeichen verliehen bekommt.

Vollmond in …

Widder	Hellrot
Stier	Braun, Hellgrün
Zwillinge	Blau, zartes Lila
Krebs	Rosa, Grün, Weiß
Löwe	Rot, Gelb, Gold
Jungfrau	Gelb
Waage	Hellgrün
Skorpion	Rot, Schwarz
Schütze	Dunkelblau, Grün
Steinbock	Schwarz, Braun, Blau
Wassermann	Gelb, Blau
Fische	Lila, Türkis, Silber

Meine bewährtesten Kerzenzauber

Hier finden Sie ein paar Zauber für ganz verschiedene Bereiche. Als Einstieg für den Anfänger und Inspiration für die schon weiter Fortgeschrittenen. Wenn Sie noch nie magisch gearbeitet haben, möchte ich Sie hier nochmals ermuntern, es einfach auszuprobieren! Ich kenne nicht wenige magisch Interessierte, die ein Buch nach dem anderen verschlingen, sich aber nie an die Praxis wagen.

Im Laufe dieses Buches haben Sie ja sicher schon bemerkt, dass Magie nichts Zeitaufwendiges sein muss, das nur ein paar Eingeweihten vorbehalten wäre. Es ist eine Möglichkeit für jeden Menschen, sich das Leben etwas zu erleichtern, manche Dinge abzusichern, bevor man sich hineinstürzt, oder neuen, positiven Impulsen nachzugehen.

Manche fragen sich bestimmt noch, ob das denn wirklich funktioniert. Natürlich ist es keine gute Idee, alle Probleme im Leben ›weghexen‹ zu wollen und sich somit vor wichtigen Erfahrungen zu drücken (beziehungsweise es zu versuchen, denn das klappt ohnehin nicht). Aber wenn Sie Ihr Leben hin und wieder damit unterstützen, werden Sie sicher Veränderungen bemerken. Magisch bewirkte Veränderungen treten nicht selten schleichend oder etwas zeitverzögert in unser Leben ein. Fast immer kommt es auch etwas anders, als man sich das ausgedacht hatte. Die Magie erreicht ihr Ziel, doch sie muss nicht schnurgerade die Wege gehen, die wir uns dafür ausdenken. Das Schicksal ist weiser, als wir es sind, und es kennt auch bedeutend mehr Lösungsoptionen für die jeweilige Situation, als wir uns ansatzweise ausmalen können.

Eine Freundin von mir war schon lange Single und wollte endlich mal wieder etwas Abwechslung. Ich schlug ihr ein paar Zauber vor, und sie machte sich gleich ans Werk, obwohl sie vorher noch nie etwas mit Magie zu tun hatte. Erst einmal passierte rein gar nichts, und ich sagte ihr, dass das ein Weilchen dauern kann. Doch siehe da, etwa 2 Wochen später ging es los, sie hatte die gewünschte Abwechslung durch reichlich Flirts und die ein oder andere Romanze.

Es hat sicher auch deshalb so gut geklappt, weil sie die Sache ohne jeden Vorbehalt, nur mit aufrichtiger Neugierde angegangen ist. Eine lockere, entspannte Geisteshaltung beflügelt unsere Magie geradezu. Wenn Sie mit der Einstellung »Mal sehen, was Schönes dabei herauskommt« herangehen, wird Ihre Magie automatisch besser wirken, als wenn Ihre Haltung beispielsweise »Das muss jetzt klappen« wäre. Denn der Druck, der hinter solchen Sätzen steht, muss unsere magische Energie ja geradezu erschlagen. Also, immer locker und entspannt bleiben! Ich weiß selbst, wie es ist, wenn ein ganz bestimmter Zauber unbedingt in Erfüllung gehen soll, weil man es sich sehr wünscht. Aber das behindert unseren freien Energiefluss nur. Falls Sie Probleme mit dem Abschalten und Entspannen haben, kaufen Sie sich am besten ein gut verständliches Buch über das Meditieren. Diese Technik ist auch für den Alltag sehr hilfreich. Aber ich sehe schon, Sie wollen endlich die Zauber erfahren (Wenn Sie sie nicht sowieso gleich als Erstes gelesen haben.). Also dann!

Zauber für eine romantische Partnerschaft

Sie brauchen Rosenblüten, Muscheln, Honig, zwei rosafarbene Kerzen, drei Freitagnachmittage Zeit, Patchouli- und Orangenöl, evtl. als Altardekoration noch Rosenquarzkristalle, Rosenräucherstäbchen, rosafarbene Herzchen, Muscheln. Bitte nichts Rotes, sondern nur Rosa, Pink, Fuchsia und verwandte Nuancen!

So geht's:

Sie führen diesen Zauber an drei aufeinanderfolgenden Freitagen aus. Die beste Tageszeit ist nachmittags, aber zu einer anderen Zeit geht es natürlich auch, wenn man später von der Arbeit kommt oder anderweitige Verpflichtungen hat.

Am ersten Freitag bereiten Sie alles vor. Legen Sie ein weißes oder rosafarbenes Tuch auf Ihren Altar beziehungsweise den Platz, den Sie sich zum

Zaubern ausgesucht haben. Mischen Sie drei Tropfen Orangenöl und drei Tropfen Patchouliöl mit zwei Teelöffeln Honig. Dekorieren Sie nun Ihren Altar mit den Muscheln und den Rosenblüten. Zupfen Sie ein paar Blütenblätter von den Rosen ab – die werden gleich noch gebraucht.

Legen Sie jetzt auch die restliche Dekoration, die Sie sich ausgesucht haben, auf den Altar. Nun werden die Kerzen bearbeitet. Zuerst ritzen Sie ein Pentagramm auf den Boden der beiden Kerzen. Wenn Sie einen bestimmten Partner anziehen wollen, ritzen Sie in die eine Kerze seinen Namen, ein Marssymbol (bei einer Frau natürlich ein Venuszeichen, siehe Anhang) und ein Herz. In die andere Kerze, die Sie selbst repräsentiert, ritzen Sie Ihren eigenen Namen, ein Venus- oder Marszeichen und ebenfalls ein Herz.

Wollen Sie jedoch ganz allgemein eine(n) Liebste(n) anziehen, lassen Sie den Namen des anderen weg und ritzen nur den eigenen in die entsprechende Kerze. Gleichgeschlechtlich Liebende benutzen einfach Venus- oder Marssymbole auf beiden Kerzen. Nun streichen Sie die Kerzen mit der Honig-Patchouli-Orangenmischung ein, kleben ein paar der abgezupften Rosenblütenblätter darauf und zünden sie, mit etwas Abstand voneinander, an. Die erste Woche brennen sie etwa ein Drittel herunter. Noch brennend schieben Sie die Kerzen ein Stück weiter zusammen und löschen sie dann. Den nächsten Freitag lassen Sie wieder ein weiteres Drittel abbrennen und schieben die Kerzen wieder kurz vor dem Löschen ein Stück weiter zusammen. Am letzten Freitag schieben Sie sie nun, gleich nachdem Sie sie angezündet haben, so dicht zusammen, dass sie sich berühren. Gemeinsam lassen Sie die Kerzen so abbrennen. Wenn sie verlöscht sind, hat der Zauber angefangen zu wirken. Jetzt heißt es nur noch geduldig der Dinge harren, die da kommen werden.

Zauber für eine verbesserte Kommunikation

Sie brauchen zwei blaue Kerzen, Eukalyptus- oder Pfefferminzöl, ein blaues Band und mittwochs Zeit.

So geht's:

Egal, zwischen wem die Kommunikation verbessert werden soll, sei es der Partner, eine Freundin, eine Behörde, ein Familienmitglied, der Chef oder … Sie sollten es einmal mit diesem Zauber probieren. Nehmen Sie an einem Mittwoch die beiden Kerzen, und ritzen Sie Ihren Namen und den Namen des anderen hinein. Nun ölen Sie die Kerzen mit dem Pfefferminz- oder Eukalyptusöl ein, und stellen sie etwa 7 cm voneinander entfernt auf. Verbinden Sie die Kerzen symbolisch, indem Sie mit dem blauen Band einen ovalen Kreis darum legen. Nun lassen Sie die Kerzen abbrennen. Wiederholen Sie dies jeden weiteren Mittwoch, bis sich die Situation verbessert hat.

Ein einfacher, jedoch wirkungsvoller Geldzauber für einen stetig positiven Finanzfluss

Sie brauchen eine grüne Kerze, donnerstags etwas Zeit (Wenn Sie nicht viel Zeit haben, nehmen Sie eine entsprechend kleine Kerze.), Sonnenblumenöl, Zimt, eventuell noch etwas Orangenöl, Nelkenpulver oder Salbei, das ist aber kein Muss.

So geht's:

Diesen Zauber wiederholen Sie jeden Donnerstag, um einen konstanten Geldzufluss zu erreichen. Falls Sie es eine Woche mal vergessen, ist das nicht so schlimm, aber im Großen und Ganzen sollten Sie jeden Donnerstag nutzen. Sie werden schon bald merken, warum! Als Erstes ritzen Sie ein Jupitersymbol und das Planetensymbol für Sonne (beides siehe Anhang) in die Kerze. Unter die Kerze wird wie immer ein Pentagramm geritzt. Nun ölen Sie die Kerze mit dem Sonnenblumenöl ein, wälzen sie im Zimtpulver, stellen sie auf und lassen sie in einem Zug herunterbrennen. Das ist auch schon alles. Sie werden sehen, wie sich dieser Zauber Stück für Stück aufbaut und Ihre finanziellen Energien (natürlich in Verbindung mit einer vernünftigen Finanzplanung!) immer mehr in positive Bahnen einschwenken. (Falls Sie Orangenöl, Nelkenpulver und Salbei mit verwenden wollen, geben Sie 4 Tropfen Orangenöl in das Sonnenblumenöl, und mischen die Kräuter miteinander, bevor Sie die Kerze darin wälzen.)

Zauber, um jemanden loszuwerden

Sie brauchen eine kleine Flasche Doppelkorn, ein paar Wacholderbeeren, Knoblauchpulver, Salz, getrocknetes Basilikum und getrocknete Schafgarbe, schwarze oder dunkelblaue Kerzen

So geht's:

Sehen wir den Tatsachen ins Auge, manchmal laufen wir schrecklichen Menschen über den Weg: aufdringlich, unangenehm, laut, launisch, egoistisch, hinterlistig, klatschsüchtig, ohne jedes Feingefühl, nervtötend ... – die Liste ist lang. Gemeinerweise stellen sich genau diese Menschen oft als regelrechte Kletten heraus, und dann ist es unser gutes Recht, hier auch magisch einzugreifen. Wenn all die Worte, das ehrliche Bemühen, miteinander auszukommen, die Andeutungen und Versuche, sich denjenigen vom Hals zu halten nichts geholfen haben, dann ist es an der Zeit, die Magie walten zu lassen!

Sie müssen keine Angst haben, mit diesem Zauber etwas Schwarzmagisches zu tun. Sie verteidigen sich lediglich selbst und dies auf rein bannender Basis. Nehmen Sie also am letzten Samstag vor dem nächsten Neumond die Kornflasche, und legen Sie jeweils 1 TL der oben beschriebenen Zutaten in den Alkohol ein. Nachdem Sie den Inhalt der Flasche circa 2 Wochen haben durchziehen lassen, wird es Zeit zu handeln. Warten Sie noch den Vollmond ab, denn an diesem Tag geht es los. Von nun an werden Sie immer, wenn sich die Gelegenheit bietet, ein klein wenig Ihres selbstgebrauten Elixiers an den Sachen oder bevorzugten Aufenthaltsorten dieser Person anbringen. Es muss wirklich nicht viel sein. Brennen Sie jeden Samstag eine schwarze oder dunkelblaue Kerze ab, die Sie mit der Mixtur eingerieben haben. Und dazu denken Sie etwas wie »Verschwinde aus meinem Leben« oder »Lass mich in Ruhe«. Es darf ruhig deutlich sein – denken Sie an Ihre Nerven! Die Veränderung wird wahrscheinlich nicht über Nacht einsetzen, aber sie wird kommen, darauf können Sie sich verlassen. Einmal brauchte ich zum Beispiel 4 Monate, bis ein unfreundlicher Nachbar ausgezogen war. Er war ein unangenehmer Typ, der regelmäßig mitten in der Nacht betrunken nach Hause kam und erst mal die Musik voll aufdrehte. Ich hatte lediglich den Abtreter vor seiner Tür bearbeitet, und nach ihm zog ein sehr sympathischer und vor allem ruhiger Nachmieter ein.

Zauber für innere Harmonie

Sie brauchen eine gelbe Kerze, Johanniskraut, Salbei, einen EL Sonnenblumenöl, Orangenöl, Rosenblätter, dazu Altardekoration nach Ihren Wünschen, zum Beispiel Muscheln, Glasperlen, Blumen, Federn, vielleicht auch kleine Herzchen oder etwas ganz anderes. Entscheidend ist, dass Sie es hübsch finden.

So geht's:

Sie können diesen Zauber an jedem beliebigen Tag ausführen. Schließlich kennen die Gefühle, die man besänftigen oder zu positiver neuer Kraft transformieren möchte, auch keine zeitlichen Beschränkungen. Die innere Harmonie kann aus dem Lot geraten, und es kommt zu Liebeskummer, ungeklärter Betrübtheit, Eifersucht, Nervosität, Apathie und noch zu vielem mehr. Es ist ganz klar, dass diese Zustände, wenn sie länger andauern oder sehr ausgeprägt sind, in die Hände eines guten Fachmannes gehören. Doch wenn es nur ein vorübergehender Durchhänger ist, lohnt es, ihn magisch abzukürzen.

Dazu habe ich den folgenden Zauber kreiert. Als Erstes gilt jedoch: Denken Sie nach! Kein Gefühl kommt aus dem Nichts. Es gibt immer einen Grund! Wenn Sie mögen, können Sie beim Abbrennen der Kerze in aller Ruhe darüber meditieren. Als Erstes legen beziehungsweise streuen Sie das Johanniskraut, den Salbei, die Rosenblätter und die von Ihnen ausgewählten Dekorationsgegenstände auf den Altar. Nun ritzen Sie unten in die Kerze ein Pentagramm und in die Kerze an sich eine lachende Sonne und Ihren Namen.

Mischen Sie den Esslöffel Sonnenblumenöl mit 9 Tropfen Orangenöl, und bestreichen damit die Kerze. Jetzt wachsen Sie die Kerze fest, entzünden sie und denken realistisch darüber nach, woraus Ihr mieses Gefühl entsprang. Meistens kommt man darauf, dass die anderen nur zur Hälfte daran beteiligt sind und man eine Hälfte selbst beigesteuert hat. Manchmal möchte man auch gar nicht nachdenken und einfach nur die beruhigende Atmosphäre des Altars auf sich wirken lassen, um sich danach mit neuer Kraft und innerlich gereinigt davon zu erheben. Überlassen Sie sich diesbezüglich völlig Ihrem Gefühl.

Sexyness …

Sie brauchen eine rote Kerze, eine rote Stecknadel, Patchouliöl (für Männer) oder Ylang-Ylang-Öl (das nehmen Frauen) und ein hübsches Dessous von Ihnen.

So geht's:

Dieser Zauber ist für konkrete Verabredungen gedacht. Sie müssen sich nicht unbedingt besonders herausputzen, es reicht, wenn Sie sich hübsch machen und in Ihren Klamotten wohlfühlen. Glauben Sie mir: Eine Frau sieht tausendmal besser aus, wenn sie sich in ihren Sachen wohlfühlt, als wenn sie sich sexy stylt und dabei völlig unsicher fühlt! Außerdem ist bei diesem Zauber sowieso entscheidend, was ›darunter‹ ist. Wichtig ist noch, dass Sie eine eher kleine rote Kerze wählen. Nehmen wir an, Sie sind für den Abend verabredet. Sie wirken den Zauber also am Nachmittag. Dazu streichen Sie die Kerze mit dem entsprechenden Öl ein, schreiben Ihren Namen mit der Stecknadel darauf und stechen sie dann durch die Kerze hindurch. Nun legen Sie das Dessous unter die Kerze und zünden sie an (Vorsicht vor Brandlöchern und Wachsflecken – am besten einen Kerzenständer auf kleinen Füßchen benutzen). Während die Kerze abbrennt, lädt sie Ihre Unterwäsche mit sexy Energien auf. Und nachdem die Kerze heruntergebrannt ist, brauchen Sie nur noch hineinzuschlüpfen, und einem verführerischen Abend dürfte nichts mehr im Wege stehen. Viel Vergnügen!

Ölmischungen und anderes für verschiedene Zwecke

Die hier aufgeführten Rezepte sind nicht nur für die Verwendung auf Kerzen geeignet. Sie können sie auch gerne anderweitig benutzen, zum Beispiel auf die Kleidung getupft oder in der Duftlampe. Die Wirkung der Öle im Kerzenzauber ist jedoch unübertroffen, stellen sie doch die Essenz der Energie einer Pflanze dar. Somit beflügeln sie die Energie und Farbe der Kerze und der Wünsche, die auf oder an ihr vermerkt sind.

Planetenmixturen stellt man auch unter Mitverwendung anderer Substanzen her. Es handelt sich also nicht um Öle im klassischen Sinne, woraus sich auch ergibt, dass man sie jedes Mal frisch herstellen sollte. Obwohl man aus manchen Pflanzen, wie Gurken, die so gut zum Mond passen, einfach kein ätherisches Öl bekommt, sollte man nicht gleich auf sie verzichten. Besser ist es, von den traditionellen Mischungen, die nur aus reinen Ölen bestehen, etwas abzuweichen und kreative Magie zu betreiben.

Mond

Ein wenig Saft einer grünen Gurke, 3 Tropfen Teebaum- oder Eukalyptusöl, etwas Gingsengpulver

Mars
Ein wenig Enzianschnaps oder den Saft einer roten Paprika, dazu etwas gemahlenen schwarzen Pfeffer und 2 Tropfen Zedernholz- oder Wacholderöl

Merkur
4 Tropfen Sandelholzöl, 1 Tropfen Pfefferminzöl, 3 Tropfen Lavendelöl

Jupiter
4 Tropfen Zedernholzöl, eine Prise Muskatnuss, 5 Tropfen Nelkenöl oder etwas Nelkenpulver

Venus
6 Tropfen Ylang-Ylang-Öl, etwas Apfel- oder Erdbeersaft, dazu ein kleiner Spritzer Mandelöl

Saturn
7 Tropfen Patchouliöl, ein wenig Rote-Bete-Saft, eine Prise zerstoßene Mohnsamen

Sonne
6 Tropfen Orangenöl, eine Prise Zimt, eine Prise Kamille oder zerstoßene Ringelblume, ein wenig Sonnenblumenöl

Des Weiteren gibt es selbstverständlich Öle für besondere Zwecke:

Liebesöl

... benutzt man natürlich für alle romantischen Belange in Beziehungen – das schließt den sexuellen Part der Beziehung aber nicht automatisch aus. Nur benutzt man speziell für sexuelle Ziele eine andere Mischung, die weiter unten aufgeführt ist. Hierbei wird auf Vorrat gemischt, im Gegensatz zu den Planetenölen, die ich oben angegeben habe. Sie benötigen ca. 100 ml Mandel- oder Jojobaöl, getrocknete Rosenblütenblätter, eine Vanilleschote, Jasminblüten (zur Not aus einem losen Jasmintee herausgesucht, wenn man sie anderweitig nicht bekommt), 7 Tropfen Sandelholz- oder ersatzweise Orangenöl. Die Zutaten mischen Sie an einem Freitag bei Neumond, zunehmendem Mond oder Vollmond in einer hübschen Flasche, die Sie nach Belieben noch mit Muscheln oder Herzchen dekorieren können. Sie können aber auch einfach nur ein Etikett darauf kleben. Das Öl lassen Sie nun mindestens sieben Tage durchziehen, bevor Sie es zum ersten Mal benutzen. Es ist recht lange haltbar, etwa 1–2 Jahre, aber meist ist es sowieso schon vorher verbraucht.

Erotisches Öl

Hier arbeiten wir mit schweren, aphrodisischen Düften. Diese Ölmischung kann auch tröpfchenweise unter Massageöle oder Bodylotions gemischt werden. Im Allgemeinen verwendet man sie jedoch in der Duftlampe und auf Kerzen, da sie wirklich sehr intensiv ist. Sie benötigen Patchouliöl, Ylang-Ylang-Öl, Sandelholzöl und Orangenöl. Mischen Sie 3 Tropfen Patchouli, 4 Tropfen Ylang-Ylang, 6 Tropfen Sandelholz- und 10 Tropfen Orangenöl (Je nach Geschmack dürfen es hier auch ein paar mehr sein.). Dieses Öl findet Verwendung, wenn wir für einen Partner besonders attraktiv sein wollen, jedoch auch in anderen Bereichen der Sexualität – um sexuell hinderliche Barrieren zu überwinden und zu einer wirklich freien Sexualität zu finden. So versext unsere Gesellschaft auch ist, die meisten Menschen haben auf diesem Gebiet erst einmal einiges zu überwinden, bevor Sie ihre mannigfaltigen Ängste fallen lassen und sich hingeben können. Das Öl kann ebenfalls unterstützend bei Meditationen verwendet werden, die sich mit dem eigenen Verhältnis zu diesem Lebensbereich beschäftigen.

Geldöl

Dieses Öl benutzt man, um etwas davon auf das Portemonnaie zu geben, um es auf Geldscheine zu tupfen, bevor wir sie ausgeben oder in Verbindung mit Kerzen. Man kann auch die Münzen für Geldzauber damit bestreichen. Hierfür nehmen wir ca. 100 ml Sonnenblumenöl, 1 Stange Zimt, 1 kleine Muskatnuss oder 1 Eichenblatt, 1 TL Salbei, 4 Lorbeerblätter und 7 Tropfen Lavendelöl. Dieses Öl mischt man an einem Donnerstag bei zunehmendem Mond oder Vollmond. Es muss, wie auch das Liebesöl, vor dem ersten Gebrauch mindestens 1 Woche durchziehen.

Planetenzeichen und deren symbolischer Wert

Ich erwähne hier die sieben Planeten der alten Magie. Sie sind am wirksamsten für unsere rituelle Arbeit, weil sie die längste Tradition haben. Die weiteren Planeten, Uranus, Neptun und Pluto finden eher in der modernen Astrologie Verwendung und gehen als sogenannte transpersonale Planeten weit über die persönlichen Belange Einzelner hinaus, sie prägen ganze Generationen mit ihrem Einfluss.

☉ *Sonne*

… steht für Lebensfreude, Gesundheit, Heilung, Gelingen, Erfolge, Zufriedenheit. Die zugehörigen Pflanzen sind Bergamotte, Citronella, Grapefruit, Kamille, Lemongras, Mandarine, Nelke, Neroli, Orange, Petitgrain, Rosmarin, Wacholder, Weihrauch, Zeder, Zimt und Zitrone.

☾ *Mond*

Ihn benutzen wir für Dinge, die mit Intuition, Gespür, Weiblichkeit, mystischen Erfahrungen, Geheimnissen, Fruchtbarkeit und medialen Fähigkeiten zu tun haben. Er wird als Symbol auf Kerzen gezeichnet, aber auch als Schmuck oder dekorativ in der Wohnung eingesetzt. Die zugehörigen Pflanzen sind Eukalyptus, Melone, Gurke, alle Kohl- und Salatsorten, Pilze und Teebaum.

♂ *Mars*

Mars ist zuständig für Auseinandersetzungen, Aggressionen, Kämpfe und Selbstbehauptung, also eher mit Vorsicht zu verwenden. Als Symbol für ›Mann‹ jedoch mit dem Venussymbol für die Frau bei Liebeszaubern ist Mars eine gute Wahl. Die zugehörigen Pflanzen sind Basilikum, Ingwer, Zwiebeln, Pfeffer, Chili und Kreuzkümmel.

♀ *Venus*

Dieses Symbol benutzen wir, wenn es um Liebe und Fruchtbarkeit geht, für Freundschaft, Harmonie, um die persönliche Anziehungskraft zu stärken, für die Sexualität und die Schönheit. Die zugehörigen Pflanzen sind Benzoe, Jasmin, Palmarosa, Geranium, Kardamom, Rose, Vanille und Ylang-Ylang.

☿ *Merkur*

… steht für Kommunikation, Geist, Wissen, Klugheit, kluge Entscheidungen, um Geschäftliches zu fördern, die Redekünste zu beflügeln und sich besser ausdrücken zu lernen. Die zugehörigen Pflanzen sind Benzoe, Eukalyptus, Fenchel, Lavendel und Pfefferminze.

♃ *Jupiter*

… steht für die Finanzen und dafür, das Ansehen zu fördern, ist gut für Chefs sowie Selbstständige und um Wohlstand zu erlangen. Er hat zudem eine starke spirituelle Note und steht für Würde und natürliches Selbstvertrauen. Die zugehörigen Pflanzen sind Anis, Kreuzkümmel, Melisse, Nelke, Salbei, Sandelholz und Zimt.

♄ *Saturn*

… findet Anwendung, wenn Dinge eingeschränkt werden oder aber lange andauern sollen. Saturn ist beides: Festigkeit, aber auch Endlichkeit. Er steht für Wissen und fördert feste Bindungen. Saturn wird oft als negativer Planet bezeichnet, aber wie man an der Aufstellung sieht, lässt er sich durchaus auch positiv nutzen. Wenn Sie aber ein mulmiges Gefühl dabei haben, sollten Sie lieber einen anderen Planeten bzw. dessen Symbol als Kraftgeber für Ihren Zauber wählen. Die zugehörigen Pflanzen sind Patchouli, Vetiver, Rote Bete und Schwarzwurzel.

Weitere Symbole für die Kerzenmagie

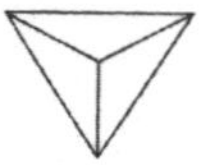

Das Drachenauge: Schutz in allen Belangen

Das Pentagramm: Magische Kraft, Schutz und Unterstützung durch die Elemente

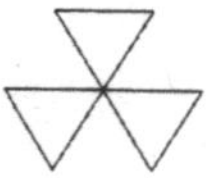

Das Symbol der Schicksalsgöttinnen: Die Göttinnen des Schicksals treten weltweit als 3 Schwestern auf. Man benutzt ihr Symbol, um sie anzurufen und ihren Segen zu erbitten.

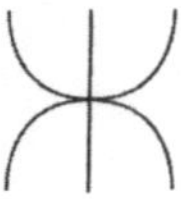

Die Reichtumsrune: Wohlstand, positive Fülle und Geld

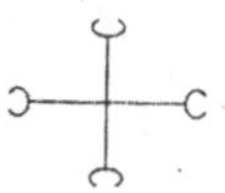

Das Mondkreuz: Schutz vor allem Negativen durch die 4 Elemente und die Macht der Mondin

Das Auge des Horus: Bewacht alles, was man gut behütet wissen möchte.

Das Hexenzaubersymbol: … steht für magische Macht und Schutz, lässt Zauber kraftvoll werden, ist positiv für alle magischen Arbeiten.

Das Ankh: Zeichen für das Leben und die Lebendigkeit – das ideale Symbol, um magisch für neue, positive Impulse zu wirken.

Die (Doppel-)Spirale: Symbol der dreifachen Göttin ist es ein Zeichen dafür, dass es immer weitergeht. Es steht für Hoffnung, zyklische Wendungen im Leben und Neuanfänge.

Fruchtbar ist in der Kerzenmagie auch die Arbeit mit Runen und anderen Zauberzeichen. Jede Kultur bietet eine Fülle von Symbolen an, mit der wir unsere Magie bereichern können. Sicherlich haben Sie schon ein paar ganz besondere Lieblingssymbole. Es gibt unendlich viele, sodass ich Ihnen hier nur eine kleine Auswahl vorstellen kann. Jede Hexe hat so ihre Symbole, die sie bevorzugt verwendet. Sehen Sie diese hier einfach als eine erste Inspiration.

Übersicht über die Möglichkeiten, eine Kerze zu behandeln und abbrennen zu lassen

1) Soll die Kerze an einem Tag oder über mehrere Tage verteilt abbrennen?
2) Kerzenfarbe und -form aussuchen
3) Soll die Kerze gedreht zum Einsatz kommen?
4) Passende Altardekoration, Öle und Pflanzen aussuchen
5) Sollen Haare, Nadeln, Wunschzettel oder Ähnliches mit dazu?
6) Kerze gegebenenfalls drehen und ein Pentagramm auf die Unterseite ritzen
7) Kerze gegebenenfalls mit Wünschen oder Symbolen dafür verzieren
8) Einölen und mit Kräutern und Zutaten wie gewünscht bearbeiten
9) Die Kerze entsprechend abbrennen lassen

Dank

Als Erstes möchte ich meinem Verlag für die stets herzliche und kreative Zusammenarbeit danken!

Ich danke allen kreativen und lebenslustigen Menschen, die mich und meine Arbeit unterstützen, meiner wunderbaren Schwester, meiner Liebe, allen FreundInnen und natürlich den guten Geistern.

Nicht zuletzt gilt mein Dank all den Lesern, die sich aus den unterschiedlichsten Gründen mit Magie befassen und auf ihrem Weg meine Bücher entdeckt haben. Ich freue mich über jeden eurer Briefe, die verschiedenen Anregungen, Meinungen, Kritiken und Fragen!

Ein Dankeschön an dieser Stelle auch meinen kleinen Musen auf Samtpfoten, die stets ein Plätzchen auf dem Schreibtisch finden, um genüsslich einzuschlafen, während ich arbeite.